Freiheit & Verantwortung

FREIHEIT &
VERANTWORTUNG

Wegweisungen in Zeiten der Wirtschaftskrise

Fr. Justinus C. Pech OCist (Hg.)

benno

Bibliografische Information der Deutschen Bibliothek
Die Deutsche Bibliothek verzeichnet diese Publikation
in der Deutschen Nationalbibliografie;
detaillierte bibliografische Daten sind im Internet über
http://dnb.ddb.de abrufbar.

Besuchen Sie uns im Internet unter:
www.st-benno.de

ISBN 978-3-7462-2740-5

Stammerstr. 11, 04159 Leipzig
Umschlaggestaltung: Ulrike Vetter, Leipzig,
unter Verwendung eines Fotos von © Udo Kroener/Fotolia.com
Gesamtherstellung: Kontext, Lemsel (A)

Inhalt

Die Bedeutung des Gewissens im wirtschaftlichen Handeln

Fr. Justinus C. Pech OCist

Die weltwirtschaftliche Entwicklung ist seit dem Zusammenbruch des Immobilienmarktes in den USA durch einen anhaltenden Abwärtstrend geprägt. Die größten Volkswirtschaften befinden sich in einer schweren Rezession, welche aufgrund der globalen Verflechtung der Finanzmärkte zahlreiche Länder erfasst hat. Im Mittelpunkt der aktuellen Debatte stehen die Fragen der Problemlösung, aber auch ein Blick auf mögliche Ursachen sollte nicht vernachlässigt werden. In der öffentlichen Diskussion werden unterschiedliche Gründe genannt, die zu dieser Situation geführt haben. Es werden Führungskräfte kritisiert, denen man ein Gebaren unterstellt, das gegen ethische Prinzipien verstößt bzw. als schlichtweg betrügerisch bezeichnet wird. Man prangert ein gieriges Verhalten der handelnden Akteure an und kritisiert ein Vergütungssystem, welches zu einem Ausblenden der langfristigen Gewinnmaximierung führe. Darüber hinaus werden Fehler auf der strukturellen Ebene des Wirtschaftssystems benannt, so dass dieses einer Neuordnung zu unterziehen wäre. Bei näherer Betrachtung der wirtschaftsethischen Problemfälle zeigt sich, dass die aktuellen Schwierigkeiten ein Ergebnis von Strukturschwächen des Systems, Fehlern bei der Unternehmenssteuerung und individuellem schuldhaftem Verhalten sind.

Zur Frage der Verantwortlichkeit leistet die katholische Soziallehre einen wertvollen Beitrag, den es wieder neu zu entdecken gilt. Wie Joseph Ratzinger in einem Interview betont, welches 1985 in deutscher Sprache unter dem Titel »Zur Lage des Glaubens« publiziert wurde, wird es in einer Zeit des ökonomischen Liberalismus zunehmend schwierig, die Moral der Kirche einsichtig zu machen. Auf viele wirkt sie wie ein Relikt aus vergangener Zeit. Der folgende Gedankengang will nachzeichnen, warum die Wirtschaft dem Menschen gegenüber eine dienende Funktion hat und warum das Gewissen als Instanz dabei eine zentrale Rolle spielt.

Das Wirtschaften ist dem Menschen eigen. Es gehört zum Wesen einer jeden gesellschaftlichen Struktur. Eine natürliche Grenze findet es jedoch darin, dass es nicht zu einem Selbstzweck verkommen darf. Im Katechismus der katholischen Kirche heißt es, dass alles Wirtschaften dem Menschen zu dienen hat (vgl. KKK 2426). Das wirtschaftliche Leben soll nicht nur den Gewinn oder die Macht einzelner erhöhen, sondern hat im Dienst der Gemeinschaft zu stehen. Diese Zielbestimmung scheint in den letzten Jahrzehnten aus dem Blickfeld geraten zu sein. Hier geht es um eine Weitung des Sichtfeldes. Es darf nicht nur die Gewinnmaximierung des Unternehmens oder eines Managers im Mittelpunkt stehen, sondern es sind alle beteiligten Gruppen in eine Betrachtung mit einzubeziehen.

Eine ordnende Funktion wird dem Gewinn nicht abgesprochen. Aber der Mensch kann zu Habgier, Ungerechtigkeit und Maßlosigkeit neigen, wie es beim Propheten Amos im Alten Testament heißt (vgl. Am 8,4-6). Eine maßlose Befriedigung wirtschaftlicher Partikularinteressen kann dauerhaft zu tief greifenden Verwerfungen im Wirtschaftssystem führen. Von Seiten des staatlichen Gesetzgebers können Maßnahmen ergriffen werden, um den Menschen vor einem solchen Abgleiten – teilweise – zu schützen.

Im Originaltext von *Gaudium et spes* findet sich die feine

Unterscheidung, dass die Ordnung der Dinge der Ordnung der Person zu unterwerfen ist. »Rerum ordinatio ordini personarum subiicienda est et non e converso« (GS 26,3). Das heißt, es ist der Mensch, der die Dinge ordnet und der der handelnde Akteur ist. Der Gewinn ist ein Ziel jeder unternehmerischen Tätigkeit. Das System darf nicht so umgestaltet werden, dass die Gewinnmaximierung zu dem einzigen Ziel wird, dem alles andere untergeordnet ist. Der Wettbewerb im Markt um das bessere Angebot ist ein Ordnungsinstrument, aber nicht ein uneingeschränkt und aus sich heraus gültiges Prinzip. So kann von Seiten der Soziallehre gefragt werden, ob die in einigen Branchen im letzten Jahrzehnt erreichten Gewinnsteigerungen nicht auch zu Lasten der Personen (Angestellten und Arbeiter) gegangen sind. Der Gewinn ist ein Resultat der Ordnung der Dinge. Zuerst ist die Struktur der Wirtschaftsordnung zu bestimmen, und der Gewinn ist ein Ergebnis des wirtschaftlichen Handelns. Aus ökonomischer Sicht ist zu erklären, welche Produktivitätssteigerungen erzielt werden können, dass es zu Renditezielen auf das Eigenkapital von 25 % und darüber kommt. Das heißt nicht, dass Renditen, die deutlich über der marktüblichen Rendite liegen, nicht erzielt werden können, aber es gilt ein waches Auge für die eingesetzten Mittel zu be wahren.

In diesem Zusammenhang wird oft auf die Wettbewerbsdynamik des Marktgeschehens verwiesen, der sich ein einzelner Unternehmer oder Manager nicht entziehen kann. Für ein Unternehmen bedeutet dies, aufgrund der Konkurrenz im Markt bei gleicher Qualität dem Konsumenten ein preislich günstigeres Produkt anzubieten. Das führt dazu, dass der Produktionsprozess technisch zu optimieren ist und auch bei den Vorprodukten günstige Einkaufspreise zu realisieren sind. Dies ist jedoch kein statisches Marktgesetz, sondern der Unternehmer bzw. Manager besitzt auch weiterhin eine Gestaltungsfreiheit. Bereits bei der Wahl der Lieferanten kann sich ein Unternehmen im Markt positionieren und bestimmten Leitlinien folgen. Beispielsweise können soziale Mindeststandards bei einem Zulieferbetrieb eingefordert werden. Ein Bekenntnis zu einem solchen Einkaufsverhalten ist eine Grundsatzentscheidung, die auf der Vorstandsebene getroffen werden muss. Ein Unternehmensleitbild kann Prinzipien definieren und für alle klar kommunizieren. In den Entscheidungsfindungsprozessen muss sich dann an diesen Leitlinien orientiert werden. Hierbei geht es also um eine langfristige Gewinnoptimierung, die gegenüber einer kurzfristigen Gewinnmaximierung abzuwägen ist. Das Unternehmen kann gegenüber den Mitbewerbern die Qualität seiner eingesetzten Vorprodukte als einen Produktvorteil bewerben, um daraus einen klaren Wettbewerbsvorteil zu generieren. Unter anderem in der Enzyklika *Quadragesimo anno* wird die kurzfristige und zügellose Form des Gewinnstrebens deutlich verurteilt (vgl. QA 134).

Steht den Ansprüchen an eine Wirtschaftsethik auf Basis der katholischen Soziallehre nicht die Theorie der den Markt ordnenden unsichtbaren Hand entgegen? Kernaussage dieser These ist, dass sich der Marktpreis eines Gutes am Gleichgewichtspunkt zwischen angebotener und nachgefragter Gütermenge einpendelt. Dieses Prinzip ist für jeden Ökonomen theoretisch einsichtig, und dennoch können gewichtige Gründe angeführt werden, dass die Preisbildung nicht bei allen Gütern dem freien Spiel der Marktkräfte überlassen werden kann. Desweiteren hat dieses Prinzip nur für einen vollkommenen Markt uneingeschränkte Gültigkeit, den es so nur in der Theorie gibt. Ein bloßer Marktgehorsam

reicht hier nicht aus. Von Seiten der Politik (also von der Gesellschaft für die Gesellschaft) können die Spielregeln auf einem Markt geregelt werden. Hier ist wiederum das Engagement des Einzelnen gefordert. Das Gleichnis von den Talenten im Matthäusevangelium (Mt 25,14-30) zeigt, dass eigene Möglichkeiten und Ressourcen genutzt werden sollen, um das Marktgeschehen zu gestalten.
Unter dem Stichwort Vereinbarkeit von Familie und Beruf werden immer wieder neue Modelle entwickelt. Im Kern verbirgt sich aber auch dort die Frage, wieweit sich ein Einzelner bzw. eine Familie an die wirtschaftlichen Anforderungen anpassen muss oder ob es nicht auch Möglichkeiten gibt, die gesellschaftliche Akzeptanz gegenüber Familien zu erhöhen. Wenn die Enzyklika *Centesimus annus* (2,15) auf die Begrenzung der Arbeitszeit hinweist, dann gilt dieses für alle Wirtschaftsräume. In den europäischen Breitengraden ist zu fragen, welche Wirtschaftsstrukturen hier vorherrschen und ob es nicht einige Branchen gibt, in denen implizit ein Arbeitseinsatz von 50 oder mehr Stunden gefordert wird. Sicherlich, es wird keiner gezwungen, in solchen Bereichen zu arbeiten, und dennoch ist zu fragen, ob nicht strukturelle Veränderungen für die Unternehmen gefordert werden müssen, in denen Manager ihrer Verantwortung gegenüber der Familie nicht mehr gerecht werden können. Auch eine Gesellschaft trägt eine Verantwortung gegenüber jungen Arbeitnehmern und sollte dafür Sorge tragen, dass ihnen genügend Zeit zur Rekreation, Familiengründung und -leben bleibt. Es ist Arbeitern wie Managern so viel Ruhe zu sichern, dass sie ihre Kräfte wiederherstellen können und den Blick für das Wesentliche des Menschseins nicht verlieren. Auch die Einhaltung des arbeitsfreien Sonntags ist neu zu betonen. Hier kann die katholische Kirche, bei ihren eige-

nen Unternehmen bzw. an denen sie (un-) mittelbar beteiligt ist, mit gutem Beispiel vorangehen.
Die Entlohnungsgerechtigkeit in den unteren Lohngruppen ist neben einer geordneten Arbeitsverteilung ein weiteres Anliegen der katholischen Soziallehre. In den letzen Jahrzehnten hat sich die Schere zwischen dem niedrigsten und dem höchsten (nominalen) Lohn nicht nur in Europa weiter vergrößert. Bereits in der Konstitution des II. Vatikanischen Konzils *Gaudium et spes* heißt es, dass die Arbeit gemäß der Funktion und der Leistungsfähigkeit des Einzelnen, aber auch unter Rücksicht auf das Gemeinwohl zu entlohnen ist (vgl. GS 67). Ein Einverständnis zwischen zwei Vertragsparteien ist nicht ausreichend, um die Höhe des Lohns sittlich zu rechtfertigen (vgl. KKK 2434). Dass es Lohndifferenzen geben muss, wird von Seiten der Soziallehre nicht bestritten. Die Entwicklung der Lohnzuwächse bei Vorstandsmitgliedern und Investmentbankern in den letzten fünfzehn Jahren ist jedoch gesamtgesellschaftlich zunehmend schwer vermittelbar und kann auch nicht mehr durch Produktivitätssteigerungen gerechtfertigt werden. Hier wird von Seiten der Soziallehre eine Entlohnungsgerechtigkeit eingefordert, die nicht gewährleistet ist. Aber auch für die unteren Lohngruppen ist die Frage der Lohngerechtigkeit wieder neu zu diskutieren. Hier sind neue Lösungen zu entwickeln. Ziel sollte sein, dass jeder aus der Arbeit die Mittel ziehen kann, die notwendig sind, um für sich und die Seinen zu sorgen (vgl. KKK 2438).
Wie kann der Unternehmer aber wissen, was das Richtige ist, das er tun soll? Der heilige Thomas Morus, der Patron der Regierenden und Politiker, kann hier als ein gutes Vorbild dienen. Dieser hat von der unantastbaren Würde des Gewissens Zeugnis abgelegt. Das Gewissen ist eine Stimme,

die jeder Mensch in sich trägt. Unabhängig vom wirtschaftlichen Ordnungssystem hat jeder die Verantwortung, auf sein Gewissen zu hören. Diese Stimme eröffnet, wie Joseph Ratzinger in seinem Buch »Werte in Zeiten des Umbruchs« (2005) geschrieben hat, »den Weg zur rettenden Straße der Wahrheit und darf nicht als Schutzmantel einer Subjektivität missverstanden werden«. Heute kommt es wieder darauf an, die Aufmerksamkeit auf das Gewissen zu richten. Dieses hilft dem Manager und Unternehmer, seine Verantwortung (und eventuell auch seine Schuld) zu erkennen. Ein Kritikpunkt an der derzeitigen wirtschaftsethischen Diskussion ist die Vernachlässigung der Verantwortung des Einzelnen. An diesem Punkt setzt die Katholische Soziallehre an. Ihr geht es um den Menschen. Denn nicht der Mensch ist für die Wirtschaft da, sondern der Mensch steht im Mittelpunkt, ihm hat sämtliches Wirtschaften zu dienen. Der Ausgangspunkt ist in der Gottesebenbildlichkeit des Menschen zu sehen. Ihm wurde die Erde übergeben, und er soll über diese herrschen, wie es im Schöpfungsbericht des Alten Testamentes heißt (vgl. Gen 1,28). Dieses ist das genuine Proprium einer christlichen Moral. Daraus erwächst eine Verantwortung zur Gestaltung. In der Wahrnehmung dieser Verantwortung darf man sich aber nicht durch den Widerstreit der Meinungen (vgl. Eph 4,14) oder Relativierungstendenzen in der Gesellschaft hin und her treiben lassen. Die Basis, auf die sich die Entscheidungsträger berufen können, sind die Prinzipien der Katholischen Soziallehre. Diese sind mit Hilfe der Vernunft einsehbar. Auf Basis des Personal-, des Subsidiaritäts- und des Solidaritätsprinzips können Maßstäbe des Urteilens erarbeitet und Wegweisungen zum Handeln gegeben werden.

Auch für Vorstände von Unternehmen, Mitglieder der Auf-

sichts- und Betriebsräte sowie Angestellte und Arbeiter gleichermaßen gibt es tägliche Entscheidungssituationen, die das Gewissen des Menschen fordern. Von seinen Anlagen her strebt jede Person zum Guten, ist aber auch, wie sich immer wieder aufs Neue zeigt, zum Bösen fähig. Eine Gesellschafts- und Wirtschaftsordnung wird umso beständiger, je stärker sie dieser Tatsache Rechnung trägt (vgl. CA 25). So hat Joseph Ratzinger in einem Vortrag vor der Reinhold-Schneider-Gesellschaft im Jahr 1972 betont, dass nur die Anerkennung der Unverletzlichkeit der Würde des Menschen den Menschen vor sich selbst schützt. Eine geistige Leere wird nicht nur durch den Atheismus (vgl. CA 24) verursacht. Auch in einem blinden Marktgehorsam beraubt der Mensch sich seiner Würde. In der Forschungsarbeit des Autors »Die Bedeutung der Wirtschaftsethik für die marktorientierte Unternehmensführung« (2007) haben über 90 % der dort befragten Führungskräfte das Bewusstsein, als Führungsperson selber (moralisches) Vorbild zu sein, als den wichtigsten Punkt jeder Form der Wirtschaftsethik genannt. Ein wünschenswertes Ziel ist, dass mögliche Entscheidungskonflikte des Unternehmens bereits auf gesetzlicher Ebene gelöst werden. Aber es lassen sich nicht alle möglichen Konfliktfälle im Vorhinein lösen, so dass hier wieder der Mensch gefordert ist. Der Einzelne hat auch in einer international eng verflochtenen Wirtschaftsordnung eine Verantwortung, die nicht delegierbar ist, der er sich stellen muss. Dieses wird auch von Führungskräften so gesehen.
Es sind immer wieder Menschen, die im Markt handeln. Der Mensch als handelnder Akteur, egal ob Unternehmer, Manager, Angestellter oder Arbeiter, ist in den Mittelpunkt zu rücken. Schon der französische Philosoph Maurice Blondel (1861-1949) hat in seinem Werk »L'action« im Jahr 1891

darauf hingewiesen, dass jeder Mensch einen Unterschied zwischen eigentlich Gewolltem und dem dann Umgesetzten feststellen kann. So liegt es auch im Verantwortungsbereich des Managers, ob er seinem eigenen Anspruch gerecht wird. Jeder im Unternehmen hat eine Verantwortung zu übernehmen, die er nicht delegieren kann – nicht des Systems wegen, sondern eines gelungenen Menschseins wegen. Hier kann ein wesentlicher Ansatzpunkt für wirtschaftsethische Konzepte gesehen werden, die dem Menschen als Person gerecht werden. Wie oben bereits aufgezeigt, steht der Mensch als Vernunftwesen im Mittelpunkt der über 100-jährigen Geschichte der Katholischen Soziallehre und so auch wieder in dieser jüngsten Verlautbarung des päpstlichen Lehramtes.

Zwischen Gier, Demut und Vertrauen

Sr. Jordana Schmidt OP

Finanzkrise und Bankenkrise – das ist das Thema, das die Medien beherrscht. Und es beschäftigt inzwischen Menschen aller Nationen.

Da gerät eine ganze Finanzwelt aus den Fugen und bringt alles ins Wanken, was uns so sicher erschien. Plötzlich haben Aktienkurse ganz direkt etwas mit meinem Geld auf dem Konto zu tun. Ein Zusammenhang, über den ich vorher gar nicht nachgedacht habe. Eine Krise, die deutlich macht, dass die Nationen sie nur gemeinsam lösen können und jeder den anderen braucht.

In dieser Zeit höre ich jetzt Worte, die ich aus Kreisen von Politikern und Managern nie vorher gehört habe. Vorige Woche war es das Wort »Gier« und diese Woche war von »Demut« und »Vertrauen« die Rede. Gier, Demut und Vertrauen scheinen so zusammen zu gehören – in dieser Reihenfolge.

Genau so finde ich sie sogar schon in der Bibel – in einem ganz ähnlichen Kontext, es geht auch um Geld. Und die Bibel ist immerhin vor 2000 Jahren geschrieben worden. Da gibt es das Gleichnis vom untreuen Verwalter. Er wird beschuldigt, das Vermögen eines reichen Mannes verschleudert zu haben. Er hat sich selbst bereichert und war gierig nach immer mehr Geld. Bevor der reiche Mann ihn deshalb rauswirft, soll er Rechenschaft ablegen. Dieser Verwalter fängt nun an, den Schuldnern seines Herrn ihre Schulden teilweise zu erlassen. Denn er erkennt, dass er Freunde braucht, wenn er kein Geld mehr besitzt und er keine wichtige Position mehr innehat.

Jesus lobt diesen Verwalter und sagt zu seinen Jüngern: So klug wie dieser Verwalter sollt auch ihr euer Geld einsetzen und nicht wie viele, die es falsch anlegen. Helft damit anderen Menschen, die eure Hilfe brauchen. Dann werdet ihr genug Freunde haben und einen Platz im Himmel erhalten. (vgl. Lk. 16,1-9)

Der Verwalter hat seinen Umgang mit Geld radikal geändert, als er in eine bedrohliche Finanzkrise kam. Nach der Gier, Geld zu besitzen und zu verschleudern, erkennt er, dass Geld nicht alles ist, und er benutzt es, um Vertrauen bei Menschen zu schaffen, die er dann seine Freunde nennen kann. Finanz- und Bankenkrise lösen bei allen Unsicherheit und Misstrauen aus. Viele könnten in eine bedrohliche Lebenssituation stürzen, wenn die Finanzmärkte zusammenbrechen.

Aber: Wer nimmt es als Chance, einmal genau zu überlegen, wofür er das Geld einsetzt, das ihm zur Verfügung steht? Egal wie groß oder wie klein der Betrag auch sein mag.

Und ich wünschte mir, dass jetzt in dieser Krise viele neue Ideen geboren werden, Ideen, die nicht nur die Finanzbranche stärken, dass in Menschen und in soziale Projekte direkt investiert wird: damit unsere Kinder heute gesund und kindgerecht groß werden können. Dass Menschen am Rand der Gesellschaft besser leben können: die allein erziehenden Mütter und Väter, die Arbeitslosen, Menschen mit Behinderung und Krankheit.

Ich wünsche mir und unserer Gesellschaft, dass ein »Rettungspaket Mensch« ebenso schnell geschnürt werden kann, wie ein »Rettungspaket Finanzmarkt«.

Worauf kommt es an?

Erzbischof Dr. *Reinhard Marx*

Uns stellt sich die Frage nach dem kirchlichen Sprechen in der Krise: Muss sich die Kirche nicht selbst bewusst werden, auf welchen Schatz sie mit der Katholischen Soziallehre und ihrer einmaligen Tradition sozialethischer Verkündigung zurückgreifen kann? Das Erbe der Katholischen Soziallehre ist insofern auch eine Herausforderung an uns selbst. Die große Linie der Sozialenzykliken hat sich bewährt und besitzt aus heutiger Perspektive eine geradezu zeitlose Gültigkeit.
Worauf kommt es jetzt also an? Im Folgenden will ich versuchen, erste Eckpunkte einer kirchlichen Bewertung der Finanzmarkt und Wirtschaftskrise zu formulieren.

1. Ausgang unserer Bewertung ist das christliche Verständnis vom Menschen: Im Mittelpunkt steht immer der Mensch. Unser Blick richtet sich deshalb zunächst auf all diejenigen, die national und international am meisten von der derzeitigen Krise betroffen sind. Denn eine solche Krise ist nicht nur eine Frage der Stabilität und Effizienz eines wirtschaftlichen Systems, etwa im Zuge von Wachstumseinbußen oder einem gefährdeten Finanzmarkt, sondern sie ist insbesondere eine Frage der Gerechtigkeit. Uns bewegt die Krise nicht aus wirtschaftstheoretischem Interesse, sondern weil es uns um die Menschen geht – die Menschen, die in Deutschland besonders von der Krise betroffen sind, und die Menschen, die anderswo wegen der Krise hungern! Deshalb müssen wir uns fragen, welche Maßnahmen zu ergrei-

fen sind, um zukünftige Krisen möglichst zu vermeiden. Natürlich ist das Risiko von Finanz- und Wirtschaftskrisen nicht generell auszuschließen, aber soziale Gerechtigkeit und Gemeinwohl verpflichten uns, alles zu tun, um die Wahrscheinlichkeit und Häufigkeit von Finanzkrisen zu reduzieren.

2. Eine grundlegende Voraussetzung der Prävention ist allerdings, die Ursachen und den Verlauf der Finanzmarktkrise zu verstehen. Die Ursachen sind vielfältig: die Verselbständigung von Finanzmarktprodukten, eine fehlerhafte Geschäftspolitik und zu große Risikobereitschaft von Banken, eine unzureichende staatliche Aufsicht, falsche politische Anreize und staatliche Geldpolitik sowie nicht zuletzt auch individuelles Versagen, das sich unter anderem in überhöhten Renditeerwartungen niedergeschlagen hat. Daneben hat aber auch das Zusammentreffen an sich guter Ideen zu Fehlentwicklungen geführt, wie etwa die Verbindung von Wohneigentumspolitik und laxer Kreditvergabe in den USA oder aber die leistungsorientierte Entlohnung, die erst in Verbindung mit kurzfristigen Gewinnerwartungen zu schlechten Ergebnissen geführt hat.
Auch wenn wir das ganze Ausmaß noch nicht absehen können, wissen wir: Es gibt eine Krise im System! Es handelt sich dabei auch um eine moralische Krise: Freiheit, Verantwortung und Ordnung sind aus dem Gleichgewicht geraten. Keiner von uns will deshalb ein neues System, aber wir brauchen eine Erneuerung im Sinne einer Renaissance der Sozialen Marktwirtschaft.

3. Auf den internationalen Finanzmärkten bestehen strukturelle Schwächen und Defizite, die einer dringenden Reform

und Neuordnung bedürfen. Es ist nicht Aufgabe der Bischöfe, konkrete Reformvorschläge zu machen, dennoch seien einige Felder kurz benannt, auf denen Handlungsbedarf besteht:

Die Weiterentwicklung der Bankenregulierung ist eine drängende Aufgabe. Hierbei geht es vor allem um eine effiziente Bankenaufsicht, die Finanzmarktprodukte und Finanzinstitute wirkungsvoll überwacht. Löcher in der Regulierung müssen erkannt, analysiert und geschlossen werden; dazu gibt es geeignete Instrumente, die auch angewandt werden müssen. Aufgabe der Bankenregulierung ist es, die Stabilität und Funktionsfähigkeit des Finanzmarktes zu sichern; eine wesentliche Voraussetzung hierfür ist die Solvenz der Banken. Daher muss dafür Sorge getragen werden, dass die Risiken der Finanzinstitute mit angemessenem Eigenkapital unterlegt sind. Dies zu umgehen, darf nicht mehr möglich sein.

Sicher gehört zur Funktionsfähigkeit des Finanzmarktes die Erwartung, dass beim Zusammenbruch einer Bank letzten Endes der Staat einspringt und die Einlagen zu einem gewissen Maß sichert. Doch darf diese Erwartungshaltung nicht dazu führen, dass Risiken ungeniert eingegangen werden können und die Idee der Haftung an Bedeutung verliert, weil im Zweifelsfall andere für den Schaden aufkommen.

Eine weitere Fehlentwicklung waren überhöhte und zum Teil unrealistische Renditeerwartungen, die vor allem auf eine unzureichende Abwägung von Ertrag und Risiko zurückgehen. Wie mehrfach angeklungen, darf trotz aller Kritik nicht vergessen werden, dass ein gesundes Gewinnstreben die Grundlage einer funktionierenden Wirtschaft ist. Doch ist auch der Gewinn einer gewissen Ordnung verpflichtet. Gewinn um jeden Preis trägt nicht über den Tag hinaus und

vernachlässigt die Perspektive langfristigen, zukunftsfähigen Handelns.
Auch die Gehaltsstrukturen der Manager scheinen reformbedürftig. Bei Bonuszahlungen werden leistungsorientierte Zulagen vereinbart, die wohl weniger am langfristigen Erfolg orientiert, sondern primär auf Quartalsberichte und kurzfristige Gewinne fixiert sind, die sich dann oftmals nur durch eine exzessive, aber verborgene Risikoübernahme maximieren lassen. Für die Zukunft müssen Leistungsbewertungen und Vergütungssysteme mit Blick auf ihre Anreizstrukturen neu überdacht werden.
Außerdem scheint ein kritischer Blick auf die Geld- und Zinspolitik der Notenbanken erforderlich. Lange Zeit galt die Geldpolitik der US-Notenbank als vorbildlich, mit billigem Geld den Konsum und einen scheinbaren Wohlstand zu fördern, tatsächlich wurde jedoch über die Verhältnisse gelebt, wie sich jetzt zeigt. Es wurde dabei außer Acht gelassen, dass es Aufgabe der Notenbanken ist, für Geldstabilität zu sorgen. Gerade im europäischen und internationalen Rahmen muss an dieser Position festgehalten werden.

4. Neben diesen sehr konkreten Aspekten zur Neuordnung der Finanzmärkte ist aber auch eine Rückbesinnung auf grundlegende ordnungspolitische und sozialethische Überlegungen erforderlich. In Krisenzeiten wird der Ruf nach einem starken Staat immer lauter. Dabei dürfen aber die Grenzen des Staates und der Wert einer freiheitlichen sozialen Marktordnung nicht übersehen werden. Der Staat muss einen Ordnungsrahmen setzen, dieser allein reicht aber nicht aus. Schon im gemeinsamen Text der Deutschen Bischofskonferenz und des Rates der Evangelischen Kirche in Deutschland »Demokratie braucht Tugenden« haben wir

festgestellt: »Die Vorstellung, in einer Ordnung der Freiheit könne jeder ohne Rücksicht auf das Ganze seinen Interessen nachgehen, weil die Regeln aus eigener Kraft im Stande seien, einen vernünftigen Ausgleich zu bewirken, ist zwar weit verbreitet [...]. Aber sie ist illusionär. Freiheitliche Institutionen, so klug sie auch entworfen sein mögen, können nicht aus sich heraus das notwendige Minimum an Gemeinwohlorientierung [...] gewährleisten.« (S. 16) Mit der Freiheit muss persönliche Verantwortung korrespondieren. Die Idee der Sozialen Marktwirtschaft verknüpft beides untrennbar miteinander und verpflichtet so zur Ausbildung von Werten und Grundhaltungen. Gerade dies ist in letzter Zeit zu kurz gekommen! Nicht nur Demokratie, auch Soziale Marktwirtschaft braucht Tugenden!

5. Damit stehen wir aber auch in Zukunft fest auf dem Fundament der Sozialen Marktwirtschaft, weil es ihr gelingt, wirtschaftlichen Erfolg mit sozialem Ausgleich zu verbinden und der Freiheit eine Ordnung zu geben. Allerdings zeigen die Erfahrungen der Krise, dass die international agierende Finanzwirtschaft der nationalen Ordnungspolitik immer mehr entwächst und das globalisierte Wirtschaftssystem ebenfalls einen ordnenden Rahmen braucht. Es besteht jetzt die Notwendigkeit, im Sinne der Sozialen Marktwirtschaft Einfluss auf die Ausgestaltung der internationalen Ordnung zu nehmen. Dabei müssen wir auch die außerökonomischen Grundlagen der Sozialen Marktwirtschaft im Blick haben: Das christliche Verständnis vom Menschen und die Idee der Demokratie sind der geistige Nährboden, auf dem sich die Soziale Marktwirtschaft entwickelt hat. Gerade deshalb könnte die Katholische Soziallehre Maßstab für die Gestaltung einer Weltwirtschaftsordnung sein. Europa, aber

auch die transatlantische Wertegemeinschaft, müssen auf diesem Weg eine Vorreiterrolle übernehmen.

6. Neben der Neuordnung der Finanzmärkte kommt es in Zukunft aber auch darauf an, den Auswirkungen der Krise entgegenzuwirken. Das rasche Eingreifen der Bundesregierung und der Staats- und Regierungschefs der EU sowie die Einberufung des Finanzmarktgipfels der G20- Staaten im November 2008 haben gezeigt, dass in einer Situation, in der ein Kollaps der Finanzwirtschaft drohte, schnelle und entschlossene Maßnahmen dringend notwendig waren. Doch stellt sich nach einer ersten Stabilisierung des Systems die Frage: Wie soll es weitergehen? Wir müssen jetzt Lösungen entwickeln, die langfristig tragfähig sind. Die Krise macht ja unsere bisherigen wirtschafts- und sozialpolitischen Überlegungen nicht alle hinfällig. Bereits eingeschlagene und bewährte Wege dürfen jetzt nicht vorschnell verlassen werden. Ordnungspolitische Vernunft und sozialethische Ziele dürfen nicht unter die Räder der Erwartungen kommen, denen die Verantwortlichen in Politik und Wirtschaft derzeit gegenüber stehen. Gerade in der jetzigen Situation wird die Gefahr der Dominanz partikularer Interessen erneut virulent, auf die wir bereits mit dem Impulstext »Das Soziale neu denken« hingewiesen haben. Dies gilt national mit Blick auf große Konzerne im Gegensatz zu kleinen und mittelständischen Unternehmen, auf internationaler Ebene vor allem im Hinblick auf einen zunehmenden Protektionismus, mit dem Schwellen- und Transformationsländern zurückgedrängt und damit die positiven Effekte der Globalisierung untergraben werden. Auch in Europa darf der Protektionismus die grundlegenden Errungenschaften des Binnenmarktes nicht aufs Spiel setzen.

7. Bisher steht bei allen Maßnahmen primär die Krisenbewältigung im Vordergrund. Angesichts der Schuldenberge, die im Zuge der Finanzmarkt- und Wirtschaftskrise immens erhöht wurden, stellt sich aber auch die Frage, wie diese Verschuldung wieder abgebaut werden soll. Eine offene Diskussion unter den Aspekten der Generationen- und Beteiligungsgerechtigkeit ist dringend erforderlich, um geeignete Kriterien der Lastenverteilung zu entwickeln. Es ist zu vermeiden, dass die Verschuldungsfrage über eine Inflation mit allen damit verbundenen sozialen Verwerfungen gelöst wird. Darüber hinaus dürfen auch die großen Herausforderungen des 21. Jahrhunderts – Ernährungssicherheit, Armutsbekämpfung und Klimawandel –, die sich in besonderem Maße auf die Armen der Welt auswirken, nicht aus dem Blick geraten.

Wir müssen jetzt Konsequenzen ziehen, die Krise als Chance begreifen und als Lernort nutzen: Es reicht nicht aus, die Krise zu überwintern und danach weiterzumachen wie bisher. Wir müssen die Wirtschafts- und Finanzmärkte neu ordnen und Verantwortung zur Leitwährung machen! In der aktuellen Situation sind wir gefordert, der Gesellschaft Richtschnur zu geben!
Wir müssen einerseits darauf drängen, dass die notwendigen Reformen vorangetrieben werden, wir müssen aber auch die Verantwortung der Akteure einfordern! Selten gab es in der Gesellschaft so fruchtbaren Boden für christliche Werte und Grundhaltungen! Kommen wir als Kirche also unserer Verpflichtung nach, Partner im Dialog über den Aufbau eines wertgebundenen Ordnungsrahmens zu sein!

Freiheit fordert uns

Erzbischof Dr. *Robert Zollitsch*

Die Krise an den internationalen Finanzmärkten und die Wirtschaftskrise haben Deutschland mit aller Wucht erfasst. Wir erleben weltweit eine Besorgnis erregende Situation. Die Menschen machen sich Gedanken um ihre Zukunft, die Zukunft ihrer Familien und um die Zukunft unseres Landes. Angesichts dieser tiefen Verunsicherung stehen wir vor grundlegenden Fragen der gesellschaftlichen und wirtschaftlichen Ordnung, denen sich die Kirche vor dem Hintergrund ihres politisch-diakonischen Auftrags stellen muss.

Dazu bedarf es zunächst der Vergewisserung der Ursachen, des Verlaufs sowie der Auswirkungen der Krise auf die Finanzmärkte und die Wirtschaft.

Dann geht es um eine ethische Bewertung: Im Mittelpunkt aller Bemühungen um eine globale Neuordnung der internationalen Finanzwirtschaft und um aktuell anstehende finanz- und wirtschaftspolitische Maßnahmen muss die Sorge um die Menschen stehen. Als Orientierung und Bewertungsmaßstab für die gesellschaftliche Ordnung hat sich die Katholische Soziallehre bewährt, aus deren Perspektive wir zu ersten Bewertungen der Krise kommen.

Schließlich gilt es, grundsätzlich zu prüfen, in welche Richtung spezifisch kirchliche Äußerungen zur Krise gehen könnten. Dies gilt sowohl für die Lehren, die aus der Finanzmarktkrise gezogen werden müssen, als auch für die Herausforderungen und Aufgaben, die aus der Krise erwachsen. Dabei stellen sich rasch fundamentale und komplexe

Fragen, zu denen es keine einfachen Antworten gibt. Nachfolgend möchte ich einige Punkte nennen, die in diesem Zusammenhang wichtig sind.

1. Freiheit braucht Ordnung

Die Krise nährt den Ruf nach staatlicher Ordnung, damit ist die Erwartung einer besseren und gerechteren Ordnung verknüpft. Das Fehlen funktionsfähiger Finanzmärkte und die Verunsicherung durch die Wirtschaftkrise haben die Idee der Ordnungspolitik belebt. Gleichzeitig wächst das Misstrauen gegen die Freiheit. Auch wenn wir deren Missbrauch nicht ausschließen können, dürfen wir sie aber deshalb nicht grundlegend beschränken. Es braucht ein Vertrauen darauf, dass die Freiheit im Ganzen mehr Dynamik zum Guten als zum Schlechten auslöst. Aufgabe des Staates ist es, die Rahmenbedingungen für die freie Entfaltung des Einzelnen zu setzen.
Die Dauerspannung zwischen Freiheit und Ordnung spiegelt auch das Verhältnis von Markt und Staat wider. In Deutschland haben wir uns für das Modell der Sozialen Marktwirtschaft entschieden, weil es ihr gelingt, wirtschaftlichen Erfolg mit sozialem Ausgleich zu verbinden und der Freiheit eine Ordnung zu geben. Sie impliziert eine Verpflichtung zu wertebasiertem Handeln in einem Wirtschaftsprozess, in dem Markt und Wettbewerb dem Menschen dienen sollen. Die Erfahrungen der aktuellen Krise zeigen erneut, dass die international agierenden Unternehmen, die so genannten Global Player, der nationalen Ordnungspolitik auf immer mehr Gebieten entwachsen sind. Deshalb braucht auch das globalisierte Wirtschaftssystem einen ordnenden Rahmen.

Die Grundprinzipien der Sozialen Marktwirtschaft bieten ei ne Orientierung für die zu schaffenden Rahmenbedingungen des internationalen Finanz- und Wirtschaftssystems.

2. Freiheit braucht Verantwortung

Während die einen also nach dem starken Staat rufen, der ordnend eingreifen soll, beklagen andere den Verlust moralischer Selbstverpflichtung, weshalb jegliches Regelwerk nur ins Leere zielen kann. So stellt sich letztlich die Frage, ob die Rahmenordnung der Ort der Moral ist oder die ethische Gesinnung des Einzelnen.

Die öffentliche Wahrnehmung konzentriert sich oft auf übermäßiges Gewinnstreben und mangelndes Verantwortungsbewusstsein. Erlauben Sie mir hierzu zwei Anmerkungen:

Zum einen hat die Krise natürlich viel mit menschlichen Schwächen wie Gier und Verantwortungslosigkeit zu tun. Dies sind aber nicht die alleinigen Ursachen. Die meisten Mitarbeiter in der Banken- und Finanzbranche haben ganz seriös ihre Arbeit getan und mit der Entstehung der Krise wenig oder gar nichts zu tun. Viele von ihnen sind selbst von der Krise massiv betroffen.

Zum anderen darf bei aller Kritik auch nicht vergessen werden, dass ein gesundes Gewinnstreben die zentrale Antriebskraft für jeden Akteur in der Wirtschaft ist. Das Gewinnprinzip ist Grundlage einer funktionierenden Wirtschaft. Letztlich ist doch auch der Griff nach dem günstigsten Produkt im Supermarkt von diesem Gewinnstreben geleitet.

Dennoch ist die Zügellosigkeit der Interessen nicht bloß ein Märchen. Die Krise hat gezeigt, dass die Idee der Haftung an

Bedeutung verloren hat, Leichtgläubigkeit und Laxheit um sich gegriffen haben und die Erfahrung: »wenn nicht ich so handle, tun es eben die anderen« zu weniger Verantwortungsbewusstsein beigetragen hat. Sicher hat die Komplexität und Dynamik der internationalen Märkte und ihrer Instrumente diese Entwicklung unterstützt, doch muss in Zukunft – das scheint mir eine der Lehren aus der Krise zu sein – die Verantwortung des Einzelnen, der Unternehmen sowie der verschiedenen Interessengruppen und ihrer Vertreter in den Vordergrund rücken.
Ordnung braucht ihre Entsprechung in der Ausbildung von Werten und Grundhaltungen wie Verantwortung, Rechenschaft, Konsequenz, Transparenz, Vertrauen und langfristige Orientierung. Denn gerade angesichts der Dynamik und Komplexität der globalisierten Wirtschaft wird nicht alles, was von Rechts wegen zulässig ist, auch ethisch vertretbar sein. Freiheit braucht Moral!

3. Gerechtigkeit

Diese grundsätzlichen Überlegungen können auch Orientierung für die dringend erforderliche Neuordnung der Finanzwirtschaft sein, die derzeit von der Frage überlagert wird, wie den Auswirkungen der Finanzmarktkrise – vor allem auf die nationale Wirtschaft – am besten zu begegnen sei. Damit die Antworten nicht kurzatmig und kurzsichtig sind, sondern auch in Zukunft tragfähig, müssen sie am Prinzip der Gerechtigkeit und dem Wohle aller ausgerichtet sein.
Dies gilt angesichts der gewaltigen Staatsverschuldung zum Beispiel für die Frage der Generationengerechtigkeit. Durch die Finanzmarkt- und Wirtschaftskrise stehen wir weltweit

vor einer ungeahnten Schuldenexplosion. Es ist einsichtig, dass um einer notwendigen konjunkturellen Stabilisierung willen eine langfristig wirksame Staatsverschuldung in Kauf genommen werden muss, weil der Verzicht auf diese Maßnahmen an anderer Stelle eine Verschärfung der Probleme zur Folge hätte, die insbesondere die wirtschaftlich Schwächeren und Armen stark schädigen würde. Doch ist gleichzeitig immer zu bedenken, dass wir diese Staatsverschuldung den nächsten Generationen vererben. Ich habe die Sorge, dass die gewaltige Staatsverschuldung in einigen Jahren durch eine Inflation zurückgeführt wird, mit allen negativen wirtschaftlichen und sozialen Auswirkungen.

Auch scheint mir wichtig, dass die Maßnahmen zur Stützung der Konjunktur zugleich auch möglichst zielgenau über die bloße Konjunkturbelebung hinausgehende sinnvolle Ergebnisse zeitigen sollten. Ich denke hier insbesondere an die Bereiche Bildung, verbesserte Infrastruktur, Energieeinsparung oder erneuerbarer Energien. Wir müssen bei derzeitigen Ausgaben insbesondere die Interessen der nächsten Generation im Blick haben!

Auch wenn unser Blick sich zurzeit vor allem auf die eigenen Probleme und die unserer nächsten Nachbarn und stärksten Wirtschaftspartner richtet, dürfen wir die Schwellen- und Entwicklungsländer nicht vergessen, die darauf angewiesen sind, ihre Produkte auf unseren Märkten zu verkaufen. Ein neuer Protektionismus, aber auch ein Nachlassen im Kampf gegen Armut und Hunger sowie die Folgen des Klimawandels können nicht die Antwort auf diese Krise sein.

Die Bedeutung der inneren Quelle für einen neuen Geist in der Wirtschaft

P. *Anselm Grün* OSB

Vor 20 Jahren wäre wohl kaum ein Vertreter der Kirche eingeladen worden, zu diesem Thema einen Vortrag zu halten. Insofern hat sich der Geist in der Wirtschaft schon geändert. Offensichtlich spüren viele Menschen, dass nur die reine Fixierung auf das Geld, auf Leistungsziffern und Kennziffern, auf Gewinnmaximierung weder der Wirtschaft dient noch den Menschen, die in der Wirtschaft tätig sind. Es erfüllt sie nicht, sondern presst sie im Gegenteil aus und macht sie auf Dauer krank. Wenn ich als Mönch und Christ über den neuen Geist in der Wirtschaft schreibe, dann geht es natürlich in erster Linie um den Geist Jesu, aber nicht im missionarischen Sinne, dass jeder diesen Geist verfolgen muss, sondern mehr werbend und in der Überzeugung, dass jeder in uns diesen Geist ja schon hat – wenn wir nur tief genug in uns hineinschauen. Wenn wir in der Stille zum Grund unserer Seele gelangen, dann ist da eine Quelle des Geistes. Diese Quelle kann man unterschiedlich bezeichnen: der eine nennt sie Energie, spirituelle Energie, der andere versteht sie als Geist, kosmischen Geist. Als Christ nenne ich sie Heiliger Geist. Dieser Heilige Geist kommt letztlich von Gott, er ist eine göttliche Quelle, eine Quelle, die mich übersteigt. Und wenn wir aus dieser Quelle schöpfen, dann tut es uns und auch dem Wirtschaften gut. Wenn Sie zum Beispiel in der Bibel lesen, werden Sie feststellen, dass der Geist Jesu nicht moralisierend, nicht bewertend ist, sondern dieser Geist Jesu ist aufrichtend, ermutigend, er schaut in jedem Menschen den guten Kern, die Sehnsucht an und versucht, diese Sehnsucht zu wecken und dem Menschen Mut zu machen, Vertrauen zu schenken, dass er zu sich selber stehen kann; es ist ein Geist, der verbindet. Natürlich gibt es in dieser unserer Wirtschaft nicht nur diesen Heiligen Geist, nicht nur diesen neuen Geist, es gibt manchmal auch einen sehr rauen Geist, den Ungeist, den Menschen verachtenden Geist, den verletzenden Geist. Und gegen diesen Geist möchte ich eben den Heiligen Geist, der eben auch ein heilender Geist ist, setzen.

Bevor ich auf diese Quelle, diese klare Quelle des Geistes in uns eingehe, möchte ich aber auch die trüben Quellen erwähnen, aus denen wir oft genug schöpfen: trübe Quellen, die den Geist in uns trüben, trübe Quellen, die uns erschöpfen, und trübe Quellen, die oft dazu führen, dass all unsere Anstrengungen doch unfruchtbar sind. Jesus sagt im Bild vom Weinstock: »Ich bin der Weinstock, ihr seid die Reben. Wer in mir bleibt und in wem ich bleibe, der bringt reiche Frucht.« Wer abgeschnitten ist von seiner Grundlage, von seiner inneren Quelle, der kann tun, was er will, es wird nichts dabei herauskommen, es wird unfruchtbar bleiben. Ich denke, das ist eine Erfahrung, die wir oft machen: viele Menschen arbeiten sehr viel, aber ihre Arbeit bleibt unfruchtbar. Das Evangelium spricht davon, dass viele vor lauter Aktivitäten nur ihre eigene Erstarrung, ihr eigenes Totsein verdecken wollen. Aber mit dieser Aktivität kommt keine Fruchtbarkeit rüber.

Was sind das für trübe Geister und trübe Quellen, aus denen wir schöpfen? Ich möchte mit einem Beispiel beginnen: Henry Nouwen, holländischer Theologe und Psychologe, berichtet von einem Gespräch mit dem Trappisten-Abt und Psychiater John Eudes Bamberger, in dem er ihm erzählt, dass er nach einer Vorlesung oder nach einem Gespräch mit einem Patienten oft total erschöpft sei. Da sagt der Abt: »Du bist deswegen erschöpft, weil du jedem, der in deine Vorlesung kommt, beweisen willst, dass er die richtige Vorlesung gewählt hat. Und jedem, der zu dir ins Gespräch kommt, willst du beweisen, dass er den richtigen Therapeuten gewählt hat. Dieses Dich-beweisen-Wollen, das erschöpft dich. Einen Vortrag zu halten, ist nicht dann anstrengend, wenn man den Kehlkopf falsch einsetzt. Anstrengend wird es immer nur dann, wenn ich mich unter Druck setze, wenn ich mich beweisen will. Alle müssen es gut finden. Ein Gespräch mit einem Patienten muss nicht anstrengend sein, anstrengend wird es, wenn ich mich beweisen will. Ich will ein besonders guter Therapeut sein, besser als die anderen.«

Ich denke, es geht uns auch in der Wirtschaft so. Wenn Sie Ihre Arbeit anschauen: Was ist für Sie anstrengend? – Oft ist es doch nicht die Arbeit an sich, sondern die äußere Situation, der Druck, den andere uns machen, der innere Druck, den wir uns setzen – Zeitdruck, Perfektionismus: »Es muss gut sein.« Wir müssen uns vor anderen beweisen. Das sind unsere trüben Quellen.

Die trübe Quelle hat zwei Auswirkungen: sie führt einmal zur Erschöpfung. Ich würde behaupten: Wer erschöpft ist, schöpft aus der trüben Quelle. Natürlich bin ich auch manchmal erschöpft, aber dann weiß ich, dass ich aus einer trüben Quelle geschöpft habe. Da war zu viel Ehrgeiz mit im Spiel, da war zu viel Machen-wollen drin. Es hat dann keinen Zweck, in der trüben Quelle zu rühren, dadurch wird sie noch trüber. Einfacher ist es, stehen zu bleiben, still zu werden und dann unterhalb der trüben Quelle die klare Quelle zu entdecken. Auf die klare Quelle komme ich später noch zurück. Die trübe Quelle führt immer auch zu einem trüben Klima um mich herum. Wenn ein Mitarbeiter einer großen Firma, ein Abteilungsleiter, erzählt, er arbeite 14 Stunden am Tag, aber seine Abteilung sei die unzufriedenste in der ganzen Firma, arbeitet dieser offensichtlich nicht aus einer inneren Quelle. Man könnte natürlich diese Quelle nicht nur Quelle des Heiligen Geistes nennen, sondern Quelle der Freude, der Lust an der Arbeit oder Quelle des inneren Bewusstseins oder wie auch immer. Wenn meine Arbeit dagegen ein aggressives Klima erzeugt, ist dies immer auch ein Zeichen dafür, dass ich aus einer trüben Quelle geschöpft habe. Und das war die trübe Quelle dieses Menschen – seine Nichtangreifbarkeit. Er hat sich hinter seiner Arbeit verschanzt, damit keiner auf die Idee kommt, ihn zu kritisieren. Und wenn ihn jemand kritisiert, kann er sagen: »Was soll ich denn noch tun? Ich arbeite doch schon 14 Stunden am Tag ...« Es gibt viele Menschen, denen es so ergeht, vor allem Männer. Wenn Ihr Mann Ihnen daheim sagt: »Du musst erst genauso viel arbeiten wie ich, dann kannst du mitreden!«, dann dürfen Sie sicher sein, dass er gerade aus der trüben Quelle schöpft, aus der trüben Quelle der Nichtangreifbarkeit. Er verschanzt sich hinter seiner Arbeit. Es gibt ja auch Unternehmen, die Arbeitssüchtige als Manager anstellen, weil sie denken, das sei praktisch, weil sie viel arbeiten. Diese Arbeitssüchtigen arbeiten zwar viel, aber es kommt nichts dabei heraus, denn sie brauchen die Arbeit. Sie müssen sich verschanzen hinter der Arbeit. Sie müssen sich festklammern an der Arbeit. Aber sie haben keinen Abstand mehr oder sind sie nicht innovativ, sind sie nicht kreativ. Das kann so eine trübe Quelle sein. Oder eben der

Perfektionismus, dass alles perfekt sein muss, dass man ja keinen Fehler macht. Eine andere trübe Quelle können Lebensmuster sein. Ich arbeite ja seit 16 Jahren im Recollectio-Haus, einem Haus für Priester und Ordensleute, die unter einem Burnout-Syndrom leiden. Ein Therapeut sagt immer, wer viel gebe, der brauche auch viel. Das darf man zwar nicht verallgemeinern, aber ich erlebe bei manchen, die erschöpft sind, dass sie viel geben, weil sie viel brauchen, weil sie viel Zuwendung, Bestätigung, Erfolg brauchen. Oft handelt es sich dabei um ein Lebensmuster. Da ist zum Beispiel die Mutter, der man alles gibt. Bei Priestern ist es nämlich oft so, dass sie der brave Sohn sein wollen, ihre Gemeinde ist wie eine Mutter, der man alles gibt. Aber die Gemeinde ist keine Heimat, sie kritisiert ihre Priester auch, und dann fallen sie total zusammen. Ein anderer oder eine andere will dem Vater beweisen, dass sie eine gute Tochter ist oder ein guter Sohn, der etwas leisten kann. – Wieder dieser Druck, den man sich macht, der schließlich erschöpft. Noch ein Beispiel: Ich habe eine Frau begleitet, die eine verantwortliche Stellung gehabt hat. Sie hat eine Kur gemacht, weil sie erschöpft war. Das hat nicht viel gebracht. Sie hat noch eine Kur gemacht, war wieder erschöpft. Und dann wurde im Gespräch klar, dass eine Kur allein ihr nicht helfen kann, wenn diese Frau nicht ihre Lebensmuster bearbeitet. Sie war auf einem Bauernhof aufgewachsen. Ihr Vater war Knecht bei seinem eigenen Bruder, also bei ihrem Onkel. Der Onkel war kinderlos. Sie war die Älteste von vier Kindern. Es gab viel Streit zwischen Vater und Onkel. Und als älteste Tochter sah sie sich immer dem Erwartungsdruck ausgesetzt, dass es nicht so viel Streit gebe, hoffentlich das zu schaffen, was von ihr erwartet wird. Und Sie können sich vorstellen, wenn man mit diesem Lebensmuster Verantwortung für eine Firma hat, dann wird mir jeder Konflikt die ganze Energie wegziehen, denn jeder Konflikt wird die alte Situation, dass es Streit gibt und ich überfordert war, in Erinnerung rufen. Ich erlebe das häufig, dass dies so eine Quelle ist, wenn Menschen erschöpft sind. Ich habe kürzlich erst jemanden begleitet, dessen Bruder tödlich verunglückt ist, als er selbst 11 Jahre alt war. Seine Eltern waren natürlich in tiefer Trauer. Im Alter von 11 Jahren hatte er sich zum Ziel gesetzt, er müsse schauen, dass es seinen Eltern gut gehe. Das war sein Lebensmuster, das ihn sein ganzes Leben lang geprägt hat. Hauptsache, den anderen geht´s gut, meine Gefühle, meine Probleme, meine inneren Prozesse, die sind ja gar nicht wichtig. Das geht am Anfang ganz gut. Da hat man Erfolg, man arbeitet viel, das ist wie ein Impuls, aber irgendwann kommt eine große Krise und man merkt, dass man nicht alle glücklich machen kann. Ich kann mich noch so sehr anstrengen, aber ich kann nicht erreichen, dass es allen gut geht. Dies ist eine Situation, in der man spüren muss, dass man eine andere Quelle in sich entdecken muss, nicht diese Quelle, es allen recht zu machen, dafür zu sorgen, dass ja alle glücklich sind. Ich muss aus der inneren Quelle authentisch arbeiten, damit von mir Segen ausgeht, denn das andere ist dann kein Segen mehr. Ich brauche das für mich, und dann bewirkt es bei den anderen eher ein schlechtes Gewissen als einen Segen.

Ich habe eine Lehrerin begleitet, die auch erschöpft war und die vermutete, der Grund für ihre Erschöpfung wäre ihr pädagogischer Eros. Da habe ich ihr gesagt, dass ich mir das nicht vorstellen kann, denn der Eros ist auch eine gute Quelle. Wenn es aus dem Eros heraus der pädagogische oder therapeutische Eros ist, dann ist das eine gute Quelle. Es muss also noch etwas anderes sein. Im Gespräch wurde schließlich klar, dass sie als die jüngste von drei Töchtern ihrem Vater beweisen musste, dass sie genauso viel kann wie ihre anderen beiden Schwestern. Wieder dieser Druck, sich beweisen zu müssen. Ich denke, wenn wir aus diesen trüben Quellen schöpfen, dann sind wir zum einen selbst schnell erschöpft und wir trüben zum anderen auch das Klima um uns herum. Davon geht kein Segen aus. Natürlich darf man das nicht übertreiben. Einmal müssen wir unterscheiden zwischen müde sein und erschöpft sein. Wenn Sie gut gearbeitet haben, den ganzen Tag, sind Sie am Abend redlich müde. Aber dabei fühlen Sie sich wohl. Es hat sich gelohnt zu arbeiten. Ich habe für Gott und die Menschen gearbeitet. Und ich fühle mich gut, im Einklang mit mir. Erschöpft sein ist etwas anderes, da bin ich unzufrieden, müde, schlapp, aber ich kann doch nicht schlafen. Ich weiß nicht, was ich mit mir anfangen soll. Das ist immer ein Zeichen entweder dafür, dass ich aus der trüben Quelle schöpfe oder dass ich meine Wahrheit nicht anschaue und zu viel Energie verbrauche, um das Unangenehme, das ich nicht anschauen möchte, in mir unter Verschluss zu halten.

Wenn ich Schweigeexerzitien gebe, haben manche immer wieder Angst, in sich hineinzuschauen. Da könnte ja ein Vulkan hochgehen. Ich entgegne ihnen: Ja, wie pessimistisch siehst du dich, dass da ein Vulkan hochgeht? Wie viel Energie verbrauchst du, um den Vulkan ständig unter Verschluss zu halten? Wenn ich zu viel Energie verbrauche, dann habe ich die Energie nicht mehr für die Arbeit, deswegen die andere Quelle. Aber ich darf das nicht übertreiben. Neulich rief mich der Vorstand einer großen Firma an, ziemlich ärgerlich und sagt: »Stimmt es, was unser Vorstandsvorsitzender gesagt hat, Sie hätten geschrieben, wer erschöpft ist, der schöpft aus der trüben Quelle?« Dieser Vorstandsvorsitzende hat daraufhin den anderen so ins Gewissen geredet: »Ihr habt alle nur eine trübe Quelle.« Das ist natürlich unfair. Vielleicht war der Vorstandsvorsitzende diese trübe Quelle, und er hat sie auf die anderen projiziert. So etwas kann ich nur bei mir selbst feststellen. Und dann ist wichtig, stehen zu bleiben, sich nicht verurteilen. Das ist normal. Jeder von uns hat auch trübe Quellen. Das darf ja auch sein. Aber dann wäre es wichtig, die andere klare, innere Quelle zu entdecken, stehen zu bleiben, still zu werden. Still kommt ja von stehen bleiben. Hier in der Weingegend weiß man, der Wein muss auch stehen bleiben, damit das Trübe sich klärt. Genug der trüben Quellen.

Die klare Quelle

Gut, wie gesagt, für mich ist die klare Quelle die Quelle des Heiligen Geistes. Sie können sie auch anders nennen. Ich möchte niemand in ein Muster hineinzwängen, sehen Sie selbst, wie sie in Ihnen ist. Quelle des Heiligen Geistes heißt, dass dieser Geist, der in mir ist, von Gott selber ist, etwas Göttliches selber ist, dass ich da ganz nah in Gott bin und bei Gott bin, dass etwas Göttliches in mir ist, das mich übersteigt. Und ich denke, dass man merkt, ob Menschen sich selber produzieren, ob bei all ihrem Wirtschaften ihr Ego im Vordergrund steht oder ob sie durchlässig sind für etwas Größeres, für den Geist, der verbindet, für den Geist, der Leben weckt in den Menschen, oder ob sie nur um sich selber kreisen. Wer um sich selber kreist, der muss ständig Angst haben um sich selbst. Der muss andere klein machen – denn er muss im Mittelpunkt stehen. Ich habe mal in einer psychosomatischen Klinik einen Besinnungstag gehalten. Der Leiter der Einrichtung hat die Klinik gegründet. Das war eine große Leistung, aber er war so ein Typ, der das auch für sich gebraucht hat, der auf Bewunderung angewiesen war. Der Münchner Psychiater Albert Görres sagt ja, es gibt manche Abteilungsleiter, die sammeln um sich herum lauter Bewunderungszwerge. Das ist auch nicht optimal für die Wirtschaft. Auf jeden Fall war er so jemand. Das hat schließlich dazu geführt, dass er jeden Therapeuten, der gut war, entlassen musste, weil der ihm ein Stück des Beliebtheitskuchens weggegessen hat. Auf diese Art und Weise wird ganz viel Potenzial vergeudet. Deswegen weise ich darauf hin, dass die klare Quelle nicht nur eine Quelle ist, die mir gut tut, sondern die letztlich auch dem Miteinander gut tut, weil aus ihr heraus dann Leben geweckt wird in den Menschen, da strömt etwas, da verbindet etwas.

Fünf Bilder der Quelle möchte ich nun betrachten.
Wenn Sie ins Gebirge gehen und eine frische Quelle entdecken, dann hat diese Quelle meiner Meinung nach fünf Wirkungen:
Die erste Wirkung ist erfrischend.
Sie erfrischt. Man hat wieder neue Lust, neue Lebendigkeit. Das ist für mich ein Bild geworden, erfrischende Ideen zu haben, neue Ideen zu haben, innovativ zu sein. Aber innovativ kann man nicht unter Druck sein. Neulich erzählte mir ein Professor der Betriebswirtschaft, er muss ständig kreative Artikel schreiben, damit er sich in der Universität profiliert. Unter Druck kann man keine kreativen Artikel schreiben. Kreativ sein, heißt, der inneren Intuition zu trauen, zu glauben, wenn ich in mich hineinhorche, ist da eine Quelle, eine Quelle von Intuition, eine Quelle von Kreativität, eine Quelle von beidem, Heiliger Geist, der mich übersteigt. Das ist die erste Wirkung, von der ich denke, das braucht unsere Zeit: erfrischende, innovative Ideen zu haben. Es gibt immer

wieder Unternehmen, die nur jammern, und andere, die einfach neue Ideen haben, frische Ideen, die nicht angestrengt wirken, von Menschen, die nicht sich den Kopf zerbrechen, sondern deren Ideen aus einer inneren Intuition herauskommen. Das ist dann Heiliger Geist.

Die zweite Wirkung ist heilend.
Für die Griechen vermag nur das Heilige zu heilen. Das Heilige ist heilsam. Ein anderes Wortspiel: Heilig ist das, was der Welt entzogen ist, es ist wie ein Geist, über den die Welt keine Macht hat, der nicht von anderen bestimmt wird, sondern ein Heiliger Geist, ein freier Geist, der mir gehört, der heilig ist, der nicht von Menschen und ihren Erwartungen bestimmt ist. Im Johannesevangelium finden die beiden wichtigsten Heilungsgeschichten am Teich Bethesda, am Teich von Schiloach, statt. Jesus heilt die Menschen, nicht, indem er sie in den Teich hineinführt, sondern indem er durch sein Wort die Menschen in Berührung bringt mit ihrer inneren Quelle. Und das ist für uns im Recollectio-Haus ein wichtiges Bild bei unserer Therapie und in der geistlichen Begleitung geworden. Wir wollen den Menschen nichts beibringen. Wir haben nicht den Ehrgeiz, ihre Probleme zu lösen, sondern wir wollen sie mit ihrer inneren Quelle in Berührung bringen. Jeder hat so eine innere Quelle. Ich nenne sie Quelle des Heiligen Geistes. Es gibt viele menschliche Quellen, die Sie von Ihren Eltern mitbekommen haben, Quellen der Kreativität, Quellen des inneren Zutrauens, des Vertrauens, der Lust, Probleme zu lösen, das gibt Erfüllung im Leben – in der Psychologie spricht man ja von Ressourcen-orientiertem Arbeiten. Antonovsky, der die Salutogenese entwickelt hat, spricht eben auch von inneren Quellen, dem Kohärenzgefühl, dass alles zusammenhängt, dass es

sinnvoll ist, Probleme zu lösen, dass die Welt zusammenhängt, sodass mein Leben eine Bedeutung hat und ich nicht einfach abgeschnitten bin oder etwa nichts bewirken könnte in dieser Welt. All das sind für Antonovsky wichtige Quellen. Er spricht vom sozialen Immunsystem, von Beziehungen, von der Familie, vom Freundeskreis. Es gibt viele Wege, mit diesen Quellen in Berührung zu kommen.
Die Natur ist zum Beispiel so eine wichtige Quelle.
Warum die Natur? Einmal spürt man, dass die Natur voller Lebendigkeit ist. Das Leben, das ich in der Natur spüre, das ist auch in mir. Das ist eine Quelle. Und die Natur bewertet nicht. Ich denke, dass sich viele von ihren Quellen abschneiden, weil sie sich ständig bewerten. Als Chef müsste ich doch viel mehr Selbstdisziplin haben, müsste ich mehr Mut haben, mehr Durchsetzungsvermögen haben. Wir bewerten und bewerten. Und so kommen wir nicht in Berührung mit dem, was in uns ist. Natur bewertet nicht. In der Natur kommt uns Vieles entgegen: Geist, Lebendigkeit, auch Liebe, kommt uns entgegen. Erst am Sonntag in Salzburg bei dem Therapeuten-Kongress über Liebe hat eine Frau erzählt, dass sie keinen Menschen habe, der sie liebt. Und wie ihr geht es vielen. Sie sagt, in der Natur kommt mir ganz viel Liebe entgegen, wenn ich eins mit ihr bin – durch die Blumen, durch die Schönheit, durch die Bäume, durch den Wald. Die Indios sagen, wenn einer ganz gegenwärtig ist neben einem Baum, kann er spüren, wie vom Baum her die Liebe in ihn einströmt. Die Natur kann so eine Quelle sein, wo wir mit der Eigenquelle von Liebe, von Kraft, von Lebendigkeit, von Intuition in Berührung kommen. Das ist immer heilend. Da heilt was in mir – die Wunden, die Verletzungen, können heilen, wenn ich mit den inneren Quellen in Berührung komme.

Die dritte Wirkung der Quelle ist, dass sie stärkt.
Wenn Sie etwas getrunken haben, haben Sie neue Kraft für Ihren Weg. Sie können neu gehen. Das erleben viele – Stärkung. Manche kommen mit der Quelle in Berührung, wenn sie einen Waldlauf machen, andere, wenn sie meditieren, andere, wenn sie Musik machen, andere durch einen Gottesdienst, in dem auf einmal in ihnen etwas wieder aufblüht, aufsprudelt. Wir brauchen diese Orte, wo wir mit den inneren Quellen in Berührung kommen. Jeder von uns hat so eine Quelle, aber oft sind wir abgeschnitten. Wenn wir abgeschnitten sind, kann sie keine Wirkung in uns erzeugen. Wir brauchen sie, solche Orte, den Rückzug. Das befruchtende Gespräch oder eine Begegnung kann wie eine Quelle sein, durch die Sie mit Ihrer eigenen Quelle in Berührung kommen. Wenn ich die Quelle jedoch einschränke, dann habe ich die Quelle, dann mache ich mich wieder abhängig. Die Quelle ist in uns. Die Begegnungen, die Gespräche, die Natur, die Meditation, dies alles sind nur Wege, mit der Quelle in Berührung zu kommen.

Die vierte Wirkung der Quelle: sie befruchtet.
Wenn ich aus dieser inneren Quelle heraus schöpfe, dann blüht etwas um mich herum auf, woran die anderen auch Lust haben mitzuarbeiten, dabei zu sein. Ich denke, das ist ein wichtiges Kriterium. Heute erlebe ich in machen Firmen, die noch nicht durch diesen neuen Geist geprägt sind, dass sie Leistung vor allem durch Druck erzeugen wollen – die Kennziffern werden immer höher gesetzt, nächstes Jahr muss das Umsatzziel so und so sein, wir müssen das unter allen Umständen machen. Manchmal hat so etwas durchaus kurzfristig Erfolg, aber langfristig gesehen werden die Menschen ausgepresst, auf Dauer ist es nicht mehr finanzierbar.

Die Menschen werden krank und die Kosten sind höher, als wenn ich aus der inneren Quelle heraus arbeiten würde. Wer aus der inneren Quelle heraus arbeitet, der kann viel arbeiten, und es hat nicht dieses Angestrengte, es fließt und es hat etwas Leichtes. Es fließt und es ist fruchtbar. Es gibt solche Menschen, da wird etwas fruchtbar – von ihnen kann man sagen, dass sie mit ihrer inneren Quelle in Berührung sind. Als ich im Internat war, hatten wir eine Köchin bei uns, eine Ordensschwester, die ein mütterlicher Typ war. Als sie dann alt war, war sie im Mutterhaus für den Garten zuständig. Was sie auch tat, zeigte seine Wirkung: Um sie herum blühte alles auf. Wir hatten bei uns einen Gärtnermeister, um ihn herum ist nichts aufgeblüht. Offensichtlich ist nicht allein das Können entscheidend, sondern die Art, die Ausstrahlung; denn Menschen, die etwas zum Blühen bringen, die sind in Berührung mit ihrer inneren Quelle. Ob sie es nun wissen oder nicht, sie werden es vielleicht nicht so fromm erklären. Aber da ist ein Zeichen: Sie schöpfen aus einer inneren Quelle und da blüht etwas auf.

Und die fünfte Wirkung: die Quelle reinigt.
Das wissen Sie: wenn es im Gebirge eingetrübt ist und sie die Quelle sprudeln lassen, wird das Wasser immer klarer und reiner. Das ist für mich auch eine entscheidende Wirkung. Trübe Quellen trüben die Atmosphäre um uns herum. Ich denke, jeder von uns läuft Gefahr, seine Emotionen immer wieder eintrüben zu lassen von den Emotionen um ihn herum, von negativen Stimmungen, von Enttäuschungen. Wenn wir nicht aufpassen, dann wird der Spiegel unseres Wassers immer trüber, durch Bitterkeit, durch Enttäuschungen, wir fühlen uns ausgenutzt ... Oder wenn ein Mitarbeiter zu mir kommt und sich über einen anderen beschwert,

kann ich das ganz bei ihm lassen, wenn ich bei mir bin, ich kann es mir anschauen und klären, wie man besser damit umgehen kann. Wenn ich aber nicht bei mir bin, wenn ich gerade auch von äußeren Problemen und Konflikten geprägt bin, dann fallen diese negativen Emotionen in mich hinein und vermischen sich mit meinen Emotionen, und ich fange auch an zu schimpfen. Und schon trage ich bei zur emotionalen Umweltverschmutzung. Für mich ist es ganz wichtig, immer wieder in der Meditation die Gefühle zu klären. Diese trüben Quellen sind nicht nur Quellen, wenn wir gerade ärgerlich sind oder wenn wir hitzig sind oder zornig, sondern das ist oft viel subtiler. Ich bin immer vorsichtig, wenn jemand den Mund zu voll nimmt, zum Beispiel, wenn er sagt: »Ich opfere mich auf für die Firma.« C. G. Jung sagt, es sei gefährlich, sich mit einem archetypischen Bild zu identifizieren, denn das mache blind für seine eigenen Bedürfnisse. Dann sage ich zwar, ich opfere mich auf für die anderen, aber ich merke gar nicht, wie viel Macht ich damit ausübe. Christus ist das Opferlamm. Wenn wir Opferlamm spielen wollen, dann bringen wir keinen Segen für unsere Firma, sondern wir erzeugen im Gegenteil ständig ein schlechtes Gewissen. Da traut sich keiner mehr, Urlaub zu machen oder sein Leben zu genießen. Neben einem Opferlamm kann man schlecht leben. Der subtile Vorwurf »Ich tu ja so viel für euch und das ist euer Lohn« kann auch lähmen. Mir hat zum Beispiel jemand gesagt, der Chef, der meine es doch nur gut, aber bei allem, was er so tue, klinge ein stiller Vorwurf durch. Das sind auch keine klaren Gedanken, keine klare Quelle, sondern dieser Vorwurf lähmt die Menschen.

Ebenso kann auch jemand lähmend wirken, der ständig bewertet.

Es lohnt sich also, genau hinzuschauen: Was geht von mir

aus? Natürlich kenne auch ich manchmal Ärger. Seit 30 Jahren bin ich in der Verwaltung unseres Klosters tätig, das ist auch nicht immer eine heile Welt, es ist auch nicht immer nur ein Vergnügen, manches ist kleinkariert. Dann denke ich, ich schreibe lieber Bücher, das ist wesentlich angenehmer als an den Müllsitzungen und an den Bausitzungen teilzunehmen usw. Aber ich merke genau, wenn das von mir ausgehen würde, würde kein Segen mehr ausgehen. Dann würde ich meinen Mitarbeitern ständig ein schlechtes Gewissen machen, und ich spüre die Versuchung, aber ich weiß genau – das ist für mich Spiritualität, diese Emotionen immer wieder zu klären. Für mich ist die Meditation wichtig, die Stille, das Jesus-Gebet, da hineinzusprechen und eben nicht diesen negativen Stimmungen Raum zu geben. Es gibt ein schönes Zitat von Erich Kästner, das lautet: »Wer kann so viel Stille aufbringen, wie nötig wäre, um das Undurchsichtige zu klären?« Die Stille klärt das, was in mir ist.

Dies sind also die fünf Wirkungen dieser Quellen des Geistes. Paulus spricht aber auch davon, dass dieser Heilige Geist neun Früchte hat, die ich nun auch als Konkretisierungen dieser Quelle und dieses Geistes näher betrachten möchte.

Die erste Frucht ist die Liebe

Ein Unternehmensberater hat mir erzählt, er müsste ein Managerprofil erstellen und hat dies nach allen Regeln der Kunst getan. Der Chef sagte ihm: »Ja, es ist gut, aber eins haben Sie vergessen: der Manager muss seine Mitarbeiter lieben.« – Das hat ihn sehr gewundert, weil er so etwas von ihm nicht erwartet hätte, aber es war ihm einsichtig. Wenn ich den Mitarbeiter nicht liebe, dann ist erst einmal alles für mich anstrengend, und ich werde nichts bewirken. Liebe weckt Leben in den Menschen. Ein weiteres Beispiel aus einem anderen Bereich: Ich habe mit Personalreferenten über das Thema diskutiert, dass viele Priester heute erschöpft sind und unter dem Burnout-Syndrom leiden. Das hat viele Ursachen: weil sie zu viele Gemeinden haben, zu viel Arbeit. Aber einer der Priester sagte mir, wenn man die Leute mag, dann ist einem so schnell nichts zu viel.

Man darf es nicht verallgemeinern, nicht pauschalisieren, das wäre zu einfach, aber er hat etwas Richtiges gesagt. Wenn ich das Gefühl habe, ich muss jetzt an dieser Sitzung teilnehmen, da sind so schwierige Leute, die sind so kompliziert, und ich muss den ganzen Abend mit denen verbringen, dann darf ich mich nicht wundern, dass ich nachher Kopfweh habe und das Gefühl habe, es sei alles fruchtlos. Denn wer innerlich »Ja« sagt zu Menschen, daran glaubt, dass da ein guter Kern in ihnen ist, diese Menschen mag, ihnen etwas zutraut, das ist die Voraussetzung dafür, dass es mir besser geht, und die Voraussetzung dafür, dass auch etwas gelingt. Wenn ich mit einer negativen Haltung, einer verurteilenden Haltung, einer ablehnenden Haltung in die Sitzung hineingehe, dann bin ich erschöpft, und ich werde für die anderen auch kein Segen sein. Das deutsche Wort lieben kommt ja von liob, und das hat mit glauben zu tun. Liob heißt »gut glauben«, heißt, das Gute sehen und an das Gute glauben, an den guten Kern glauben, loben, das Gute benennen, hervorlocken durch das Wort, und lieben, gut behandeln, gut umgehen mit den Menschen. Das sind nicht immer die tollsten Gefühle, sondern das schließt ein Jasagen zum Menschen, ein Akzeptieren der Menschen ein. Und das muss man sich immer wieder bewusst machen.

Friede – die zweite Frucht

Ich erlebe bei manchen Menschen, dass sie zwar arbeiten, aber es sehr zäh zugeht, sie sind mit viel Widerstand bei der Arbeit. Benedikt sagt, der Cellerar soll nicht langsam sein. Das ist eigenartig. Es gibt ein spirituelles Kultbuch – »Die Entdeckung der Langsamkeit« von Sten Nadolny –, das den Eindruck erweckt, spirituell zu sein, heiße, langsamer zu sein. Aber für die Arbeit ist auch Schnelligkeit notwendig, nicht Hektik und Hetze, sondern ein Fließen. Und das hängt immer mit dem Frieden zusammen. Wenn ich nicht im Frieden bin mit mir, wenn ich Nebenabsichten hege und mich beobachte oder kontrolliere, wird meine Arbeit zäh. Ich habe eine Frau begleitet, die zwar arbeiten wollte, aber nur schlecht vorankam, weil sie voller innerer Zwänge war, weil sie bei allem, was sie getan hat, immer Angst davor hatte, ob die anderen ihre Absicht bemerken könnten, ihre Gedanken lesen könnten usw. Dieses ständige Selbstbeobachten hat sie blockiert. Sie war nicht durchlässig. Der Friede mit sich selber, im Einklang mit sich zu sein, das ist die Bedingung dafür, dass die Arbeit auch fruchtbar sein kann, dass sie nicht dieses Angestrengte hat. Diese Nebenabsichten – das Sich-kontrollieren-Wollen, Sich-dabei-Beobachten – blockieren uns. Im Bild gesprochen: Manche sind mit angezogener Handbremse unterwegs. Sie brauchen viel zu viel Energie für den eigenen Seelenhaushalt und haben sie nicht mehr für ihre Arbeit.

Die dritte Frucht des Geistes ist die Freude

Ich denke, das weiß jeder, der aus der Freude heraus arbeitet. Wer Lust hat an der Arbeit, der kann viel arbeiten, ohne dass er erschöpft ist, und die Freude steckt an. Aus der Sicht der Psychologie hat Verena Kast ein Buch über die Freude geschrieben, in dem sie schreibt, die Freude sei eine positive Emotion, eine gehobene Emotion – Emotion kommt ja von emovere – herausbewegen, sie bringt was in Bewegung in uns – die Arbeit, das Leben, die Beziehungen. Freude verbindet, Freude weitet und ist auch wie eine Quelle, aus der ich schöpfen kann. Natürlich kann man nicht dazu auffordern: Freu dich halt. Freude kann man nicht befehlen. Aber auch hier ist wichtig, dass jeder in sich eine Quelle der Freude hat. Verena Kast hat zum Beispiel dazu angeregt, eine Freudenbiografie zu schreiben, nicht nur seine Verletzungsbiografie, sondern sich zu fragen, in welchen Situationen ich mich als Kind gefreut habe. Und ich sage manchem auch in der geistlichen Begleitung: Bring mal deine Kinderbilder mit. Vor allem, wenn Leute immer so darüber jammern, dass alles nur schiefgelaufen sei. Und dann schaue ich die Kinderbilder an und sage: »Da ist doch ein Lächeln, da ist doch eine innere Freude, die ist auch in dir. Komm wieder in Berührung damit.« Die ist in uns. Auch da ist die Quelle in uns. Wir müssen nicht moralisierend sagen: Freu dich. – Sondern es geht darum, mit den Quellen in Berührung zu kommen. Und die sind in uns. Hier gibt es viele Wege – die Musik, das Singen. Mir hat eine Frau davon berichtet, wie sie als Kind mit dieser Quelle der Freude in Berührung gekommen ist. Ihr Vater war Alkoholiker, der viel herumgeschrien hat. Aber im Alter von drei, vier Jahren wusste sie genau, was ihr gut tut. Sie ist in den Garten gelaufen und hat den Vater schreien lassen. Der Opa hat einen großen Schwan geschreinert, darauf hat sie sich gesetzt und ihre Lieder gesungen. Das war eine tolle innere Therapie: dem Vater hat sie keine Macht gegeben, sie kam mit ihrer eigenen Quelle in Berührung und wurde so gesund. Ich habe ihr empfohlen, diese Quelle immer wieder zu nutzen, wenn andere zu viel Macht über sie haben. Mit der inneren Quelle in Berührung zu kommen, sich auf den Schwan zu setzen – das ist der königliche Schwan – und die eigentlich königliche Würde zu spüren, dabei fühle ich mich frei. Da kann der Vater noch so viel toben. Da bin ich ich selber und werde nicht beherrscht von anderen.

Die vierte Frucht ist die Langmut
Makrothymia - das ist das weite Herz. Die Freude weitet das Herz, die Weite ist Zeichen eines spirituellen Menschen. Gott kann nur in einem weiten Herzen wohnen. Wer kleinkariert ist und ein enges Herz hat, der verpulvert ganz viel Energie. Eine Frau erzählt, sie rege sich morgens, wenn sie ins Büro kommt, schon über die Frisur der Kollegin auf, über die Kleidung einer anderen, über den Chef, der gerade im Urlaub war, über den Vertreter, der einen Brief von ihr haben will ... Sie kann sich den ganzen Tag aufregen und hat das Gefühl, es ist alles so anstrengend, nicht weil das Leben an sich so anstrengend ist, sondern weil ihr enges, kleinkariertes Herz alles so anstrengend macht. Die Herzensweite dagegen gibt eine innere Freiheit, eine Gelassenheit und damit vielen Menschen Raum. Sie ist viel energiesparender, denn man regt sich nicht auf.

Neben der Weite kommt dann die Güte. Gütig sein heißt, das Gute in den Menschen hervorzulocken, gut mit den Menschen umzugehen, sie gut zu behandeln. Entscheidend ist also, das Gute zu sehen, natürlich auch mit dem Ziel, es hervorzulocken.

Freundlichkeit ist nicht als äußere Tugend, einfach freundlich zu sein, zu verstehen, sondern als innere Heiterkeit, die

Heiterkeit des Herzens. Davon sprechen die Mönche, sie ist auch in uns, diese innere Leichtigkeit, sich selbst nicht so ernst zu nehmen. Da geht etwas anderes aus, das Leben wird leichter.

Eine weitere Quelle ist die Sanftmut. Vielleicht denken Sie, das sei doch keine Quelle für die Wirtschaft, da müsse man tapfer sein und Kraft haben. Aber sanft kommt von sammeln. Da hat einer den Mut, alles, was in ihm ist, zu sammeln, nichts in sich auszuscheiden. Das ist ein Mensch, der nicht gespalten ist. Es gibt viele in der Wirtschaft, die in sich gespalten sind und deswegen alles um sich herum spalten. Ich kenne Abteilungsleiter, die ihre Abteilung in kurzer Zeit spalten, weil sie selbst in sich gespalten sind. Und dann wird ganz viel Energie vergeudet. Der Sanftmütige dagegen hat alles in sich gesammelt, und er hat den Mut, zu allem zu stehen, was in ihm ist, nichts auszuscheiden, auch seine Schattenseiten nicht. Von ihm geht etwas anderes aus, etwas Sammelndes, etwas Verbindendes.

Kommen wir zur Treue. Treu sein heißt Festigkeit, Stehvermögen haben. Vielleicht fragen Sie sich auch hier wieder, was das mit der Wirtschaft zu tun hat, aber treu hat mit stehen zu tun und vielleicht auch mit dem Wort verstehen. Den anderen zu verstehen, das ist für mich ein ganz wichtiger Geist in einem Unternehmen. Ich möchte das nur wieder am Wort erklären. Das deutsche Wort stehen hat mit Stehvermögen zu tun. Wer sich verstanden weiß, kann anders stehen, kann zu sich stehen. Und nur wenn Menschen zu sich stehen können, können sie auch etwas anpacken. Diese Präposition ver- entspricht drei lateinischen Präpositionen: prae, pro und per.

Prae heißt vor sich hinstellen. Wenn ich weiß, dass der Chef sich vor mich stellt, wenn mich ein Kunde kritisiert, oder wenn ein Mitarbeiter gegen mich intrigiert, dann kann ich selber auch zu mir stehen, und dann bekomme ich Stehvermögen.

Pro – der steht für mich ein. Zu wissen, dass jemand für mich einsteht, das ist eine ganz wichtige Erfahrung. Dann kann ich auch neu zu mir stehen.

Und die dritte Präposition: per – durchstehen. In jedem Unternehmen wird man die Erfahrung machen, dass es Menschen gibt, die einen Durchhänger haben, die in eine Krise geraten sind. Und wenn man dann sofort handeln will und sie entlassen will, weil sie eigentlich Leistung bringen müssen, dann vergeudet man ganz viel Energie. Wer dagegen auf dieses Durchstehen-Können baut, darauf, die Krisenzeit durchstehen zu können, der bekommt auch wieder Stehvermögen und vielleicht einen größeren Stand als vorher.

Ich habe einmal eine junge Frau begleitet, die ein Borderline-Typ war, weil sie ganz früh sexuell missbraucht worden ist. Sie hat viele Therapien gemacht, in denen sie aber immer total verkrampfte; die Therapeuten riefen schließlich den Notarzt, der ihr dann eine Spritze gegeben hat. Es war immer das Gleiche. Die Therapeuten haben oft Angst bekommen vor diesem Verkrampfen. Bis sie dann jemanden gefunden hat, der keine Angst hatte, der es durchgestanden ist, lange, mit Geduld, durchgestanden. Das hat sie gesund gemacht. Und das ist für mich Treue, verstehen, zu jemandem stehen, sich vor jemanden hinstellen, für jemanden einstehen oder etwas durchstehen mit ihm.

Die letzte Frucht ist die Selbstbeherrschung, nicht nur die Disziplin. Manche sehen Disziplin als etwas Negatives, aber

John Bradshaw, ein amerikanischer Psychologe sagt: Disziplin ist die Kunst, das Leid des Lebens zu verringern. Und Hildegard von Bingen hat das wunderbare Bild gebraucht: Disziplin ist die Kunst, sich immer freuen zu können. Sie kennen das, wenn Sie ein Stück Torte essen, freuen Sie sich, beim fünften ärgern Sie sich schon, dass Sie zu viel gegessen haben. Disziplin ist die Kunst, sich immer freuen zu können.

Ich denke, dies sind auch die neun Früchte des Heiligen Geistes. Ich möchte noch mit einer kleinen Beschreibung des Geistes schließen. Wir stehen jetzt vor Pfingsten, und in der Pfingstsequenz wird dieser Geist in vielen Bildern beschrieben. Lukas beschreibt Pfingsten als Sprachereignis, an dem der Heilige Geist in Gestalt von Feuerzungen auf die Jünger herabkommt. Das ist für mich auch ein wichtiges Bild. Ob jemand spirituell ist oder nicht, das zeigt sich sicher an seiner ganzen Ausstrahlung, nicht unbedingt, wie oft er meditiert. Es gibt viele, die oft meditieren und trotzdem nicht spirituell sind. Entscheidend ist die Ausstrahlung, wie man mit den Dingen umgeht. Es gibt die schöne Geschichte von einem jüdischen Rabbi, zu dem man nicht ging, um seine Lehren zu hören, sondern nur um zuzuschauen, wie er sich die Schuhe schnürt. Daran hat man gemerkt, dass er spirituell ist. Und das andere ist die Sprache. Ich erschrecke oft vor einer kalten, menschenverachtenden Sprache in Unternehmen. Es gibt viele, die spirituell sein wollen, die aber gar keine bewusste Beziehung zu ihrer Sprache haben. Sie kontrollieren ihre Sprache, aber die Sprache ist kalt, menschenverachtend, beurteilend, oft kriegerisch, ja verletzend. Sprache und Worte können verletzen, können töten oder sie können Leben wecken. Henry Nouwen, auf den ich schon einmal eingegangen bin, hat ein schönes Bild gebraucht: Es gibt viele Seelsorger, Seelsorgerinnen, Therapeuten, Therapeutinnen, aber sicher auch Chefs, die ausgebrannt sind, weil sie ständig die Tür ihres Ofens offen haben. Und geistiges Leben heißt für ihn, die innere Türe zu schließen, um die Glut wieder in sich zu spüren. Wer ausgebrannt ist, der sagt zwar noch intelligente Worte, aber sie klingen wie aus einem hohlen Kanister – leer, hohl, kalt. Und deswegen ist die Sache der Sprache nicht nur eine Sache der Rhetorik, es ist auch wichtig, die Wortwahl anzuschauen. Aber auch die Frage, ob meine Sprache wärmt oder ob sie kalt ist, ist wichtig. Eine Frau erzählte, sie war bei einer Podiumsdiskussion. Vor ihr hat ein Mann gesprochen. Sie hat richtig gefroren. Wenn Sie mit einer kalten Sprache Ihre Mitarbeiter ansprechen, dann wird jeder sich verschließen, denn keiner will sich an meiner Kälte erkälten. Eine wärmende Sprache öffnet. Eine wärmende Sprache verbindet. Mir hat ein Unternehmer erzählt, der sein Unternehmen wirklich christlich führt und es gut meint: »Ich bin ausgebrannt und ich merke, meine Worte erreichen die Mitarbeiter nicht mehr.« Das sind immer noch die gleichen christlichen Worte, aber sie erreichen sie nicht mehr, weil sie aus einem leeren Kanister kommen. Die wärmende Sprache ist vor allem eine Sprache der inneren Glut – die innere Quelle, die innere Glut, die in mir ist, das Feuer des Heiligen Geistes. Ich denke, dann wird die Sprache wärmend, verbindend oder Feuer zündend, sie kann funken, kann überspringen, Begeisterung auslösen. Und Glut hat ja auch etwas mit Kraft zu tun und mit Liebe. Damit verbunden ist nicht die Forderung, wir müssten jetzt eine wärmende Sprache lernen, so etwas kann man nicht erlernen. Wir müssen vielmehr mit der inneren Glut in Berührung kommen. Ein spiritueller Weg führt dann zu einer anderen Sprache. Natürlich muss ich dann manchmal auch meine Worte anschauen und mich fragen, ob sie wirklich dem Geist entsprechen, den ich verkünden will. In der Bibel sagt die Magd zu Petrus: Deine Sprache verrät dich ja. Unsere Sprache verrät uns. Viele, die es durchaus gut meinen, merken gar nicht, wie ihre unbewusste Sprache sie verrät, wie die Sprache bewertet, wie die Sprache verurteilt, wie sie voller Vorwürfe ist oder voller versteckter Aggressionen. Das wäre also ein wichtiges Bild: das Feuer des Heiligen Geistes. In der Pfingstsequenz werden noch viele andere Bilder gebraucht: Heile, was verwundet ist - Sana quod est saucium heißt es im Lateinischen. Der Geist kann also Wunden heilen. Manche verwechseln Führen mit Verletzen, weil sie dann Macht haben über die Menschen. Wenn ich verletze, dann kränke ich und mache sie krank. Es ist aber wichtig, dass der Geist, der in mir ist, heilender Geist ist. Heilt er meine Wunden wirklich? Natürlich gibt es auch fromme Worte, die verletzen können, die krank machen, weil sie abspalten. Der Heilige Geist aber ist heilend, weil er alles in mir durchdringt, weil ich die ganze Wahrheit hinhalte. Immer, wenn ich etwas abspalte, dann macht es mich krank. Der Heilige Geist soll das, was dürr, verdorrt ist, wieder neu befruchten, denn wie oft sind wir verdorrt, wie oft ist so eine Gruppe verdorrt. Das wieder lebendig zu machen, zu befruchten, ist ein wichtiges Bild. Oder das andere: Wärme, was erkaltet ist, löse, was in sich erstarrt. Viele sind erstarrt in sich selber, erstarrt in immer gleichen Handlungen, in immer gleichen Abläufen. Der Heilige Geist bringt etwas in Bewegung, löst etwas, macht etwas weich, was verhärtet ist. Es gibt auch Menschen, die im Guten verhärtet sind. Ihre Spiritualität strahlt nichts von Lebendigkeit aus, sondern von Erstarrung und Härte. Der Heilige Geist ist nie etwas Hartes. Die Bibel kennt das wunderbare Bild, dass Mose den Stab an den Felsen gehalten hat und aus ihm, dem einst verhärteten, plötzlich eine Quelle von lebendigem Wasser kommt. Das ist der Geist, der das Harte zur neuen Quelle macht. Lenke, was den Weg verfehlt, dass wir den Weg finden, eine Orientierung finden in unserer Welt.

Ich denke wir, brauchen den neuen Geist in der Wirtschaft, diesen Heiligen Geist – nicht moralisierend, sondern der Heilige Geist ist in jedem von uns. Ob er jetzt Christ ist oder nicht, ob er ihn so deuten will oder nicht, es ist ein Geist, der übersteigt, der heilig und heilend ist, der der Welt entzogen ist, der größer ist als er selber. Und wenn wir an diese Quelle des Heiligen Geistes herankommen, dann geht von uns etwas Neues aus.

Ich möchte wieder schließen mit einem Bild, einer biblischen Geschichte, die uns den Weg zeigt, wie wir mit dieser Quelle in Berührung kommen. Vielleicht als Vorgeschichte: Sie kennen Situationen, in denen Sie in die Enge getrieben werden, wo ganz gleich, wie Sie entscheiden, der Kunde kommt. Sie müssen entscheiden, ob Sie den Preis akzeptieren oder Sie das Unternehmen damit ruinieren oder überfordern, ganz gleich, was Sie sagen, Ja oder Nein. Sie haben das Gefühl, dass alles nichts ist. Sie stehen mit dem Rücken zur Wand. Sie kennen solche Situationen, die uns lähmen, die uns überfordern. In eine solche Situation ist Jesus hineingeraten, als die Pharisäer eine Ehebrecherin zu ihm bringen und fragen: »Sollen wir sie steinigen oder nicht? Mose hat befohlen, sie zu steinigen. Also sollen wir es tun oder nicht?« Ganz gleich, wie Jesus sagt, Ja oder Nein, hat er verloren. Wenn er sagt Ja, dann sind alle, die bisher von ihm begeistert sind, enttäuscht – der ist ja auch nicht anders als die engen Pharisäer, wird es dann heißen. Wenn er Nein sagt, wird er sofort verhaftet und kann auch aufhören. Was macht er? – Und das ist für mich ein wunderbares Bild: … Er taucht einfach ab. Er beugt sich, bückt sich zum Boden und schreibt da ganz ruhig mit seinen Fingern in den Sand. Modern gesprochen, könnte ich sagen, er macht Brainstorming … Er schreibt da einfach in den Sand. Er gibt denen, die ihn da so voller Power in die Enge zu treiben versuchen, keine Macht, sondern er taucht ab. Er kommt mit sich in Berührung, seiner kreativen Quelle, der inneren Quelle, wo sich auf einmal andere Lösungen formulieren. Und auf einmal steht er voller Ruhe auf und sagt den genialen Satz: »Wer von euch ohne Sünde ist, werfe den ersten Stein.« Und dann beugt er sich wieder, ganz locker, und einer nach dem anderen geht. Und zum Schluss sagt er: »Es hat dich keiner verurteilt, auch ich verurteile dich nicht.« Dieses Bild: statt in die Enge getrieben zu werden durch äußere Situationen, immer wieder mal abzutauchen, mit der inneren Quelle in Berührung zu kommen, das wünsche ich Ihnen, dass Sie einmal abtauchen können, dass Sie in Ihren Sand neue Ideen hineinschreiben und dass Sie mit Ihrer inneren Quelle in Berührung kommen, die auf einmal nicht angestrengt, sondern wie von selbst die neue Idee bringt, einen neuen Geist, der Sie und die Menschen, mit denen Sie arbeiten, befruchtet.

Zur Enzyklika »Liebe im Dienst einer humanen Entwicklung weltweit«

Erzbischof Dr. Robert Zollitsch

Die seit mehr als zwei Jahren mit Spannung erwartete erste Sozialenzyklika und nach *Deus caritas est* und *Spe salvi* die insgesamt dritte Enzyklika von Papst Benedikt XVI. wurde heute in Rom veröffentlicht. Unterzeichnet hat sie Papst Benedikt am 29. Juni 2009, dem Hochfest der Apostel Petrus und Paulus. Sie war bereits für das Jahr 2007 – zum 40. Jahrestag der Enzyklika Papst Pauls VI. *Populorum progressio* – angekündigt und erscheint nun, zwei Jahre später. Mit der vorliegenden Enzyklika trägt der Papst zugleich der krisenhaften Entwicklung auf den internationalen Finanzmärkten und in der Realwirtschaft Rechnung, wie er auch dem im Zweiten Vatikanischen Konzil erteilten bleibenden Auftrag gerecht wird, nach den jeweiligen »Zeichen der Zeit« zu forschen und sie im Licht des Evangeliums zu deuten.

Die Enzyklika *Caritas in veritate* steht ganz in der Tradition der Soziallehre der katholischen Kirche. Den entscheidenden Anknüpfungspunkt für die aktuelle Frage nach den Herausforderungen, die die fortschreitende Globalisierung für die Kirche bedeutet, stellt die erste Entwicklungsenzyklika *Populorum progressio* aus dem Jahr 1967 dar. In ihr wurde erstmalig die soziale Frage als eine weltweite behandelt und die Fragen der Entwicklung der Völker beleuchtet. Da bereits 20 Jahre später Papst Johannes Paul II. eine weitere Entwicklungsenzyklika *Sollicitudo rei socialis* veröffentlichte, bekräftigt

Papst Benedikt nun mit seiner neuen, der dritten Entwicklungsenzyklika, dass »die Enzyklika *Populorum progressio* (es) verdient, als die *Rerum novarum* unserer Zeit angesehen zu werden« (8). (*Rerum novarum* war die erste Sozialenzyklika. Papst Leo XIII. veröffentlichte sie im Jahre 1891.)

Bevor ich eine Würdigung der Enzyklika vornehme, möchte ich Ihnen kursorisch einen Einblick in die Inhalte geben:

Der Titel der Enzyklika, der immer aus den ersten Worten des lateinischen Textes besteht, nimmt ein Wort aus dem Brief des Apostels Paulus an die Gemeinde in Ephesus auf, in dem von der »Wahrheit in der Liebe« (Eph 4,15) die Rede ist. Umgekehrt macht der Papst deutlich, dass auch die Liebe »ihrerseits im Licht der Wahrheit verstanden, bestätigt und praktiziert werden [muss]«. Benedikt richtet sein spezielles Augenmerk darauf, dass in der im gesellschaftlichen Leben verwirklichten Liebe die Wahrheit sich als glaubwürdig erweist. »Nur in der Wahrheit erstrahlt die Liebe und kann glaubwürdig gelebt werden« (3), ohne diesen Zusammenhang droht die Liebe in »Sentimentalität« oder »Fideismus« abzugleiten.

Die Enzyklika umfasst sechs große Kapitel. Die vorangestellte Einleitung legt das theologische und sozialethische Fundament für das Folgende: Die »Liebe« wird als der Hauptweg der Soziallehre der Kirche definiert, was durch den engen Zusammenhang, den der Papst zwischen Liebe und Gerechtigkeit herstellt – womit er ein Motiv aus *Deus caritas est* aufgreift –, sowie durch den Verweis auf das Gemeinwohl als entscheidendes Kriterium, näher erläutert wird. Ausdrücklich erwähnt wird dabei der institutionelle bzw. politische Weg der Nächstenliebe. Der Bezug auf die Liebe impliziert mithin durchaus auch strukturethische Aspekte (7). Dem so von der Liebe inspirierten Handeln des Menschen kommt höchste Bedeutung zu: Es »trägt [...] zum Aufbau jener universellen Stadt Gottes bei, auf die sich die Geschichte der Menschheitsfamilie zu bewegt.« (7) Engagement für das Gemeinwohl der gesamten Menschheitsfamilie macht die »Stadt des Menschen [...] zu einer vorausdeutenden Antizipation der grenzenlosen Stadt Gottes«.

Im 1. Kapitel nimmt Benedikt eine Relecture von *Populorum progressio* vor: zur integralen menschlichen Entwicklung jedes und aller Menschen trägt die Kirche umfassend, also durch die Bezeugung, das Feiern und Bewirken der Liebe bei.

Im 2. Kapitel skizziert der Papst sehr differenziert »die Entwicklung des Menschen in unserer Zeit«. Gerade vor dem Hintergrund der aktuellen Krise spricht er nicht nur von den wirtschaftlichen Aspekten, sondern behandelt unter anderem Fragen der weltweiten Armut, der Finanzmarktkrise, des Umweltschutzes und der Migration. Bei der Suche nach Lösungen bedarf es »einer tiefgreifenden kulturellen Erneuerung und der Wiederentdeckung von Grundwerten«.

Das 3. Kapitel greift dieses Anliegen unter den Stichworten von »Brüderlichkeit, wirtschaftlicher Entwicklung und Zivilgesellschaft« auf. Die Gesamtgesellschaft und nicht nur der Staat wird in die Verantwortung genommen, speziell, wenn es um den Markt und das Bemühen um Gerechtigkeit geht. Die in der letzten Sozialenzyklika Johannes Pauls II. klare, prinzipiell positive Stellungnahme zum Markt erfährt hier noch einmal eine deutliche Verstärkung, wenngleich auch hervorgehoben wird, dass es Ziele gibt, die die Möglichkeiten des Marktes übersteigen (vgl. 35). Auch in der positiven Würdigung der unternehmerischen Initiative schließt Benedikt an seinen Vorgänger an.

Das 4. Kapitel handelt sodann von der »Entwicklung der Völker, von Rechten und Pflichten, und von der Umwelt«. Die Wirtschaft wird verpflichtet auf eine »menschenfreundliche Ethik« (45), als deren eine zentrale Dimension auch die »verantwortungsvolle Steuerung über die Natur« (50) genannt wird. Der Umgang mit der natürlichen Umwelt »stellt für uns eine Verantwortung gegenüber den Armen, den künftigen Generationen und der ganzen Menschheit dar« (48). Damit wird unmissverständlich deutlich: Der globale Frieden hat auch eine ökologische Dimension! Hier kommt der Kirche eine besondere Verantwortung für die Bewahrung der Schöpfung zu, wobei es insbesondere darum geht, »den Menschen gegen seine Selbstzerstörung [zu] schützen« (51).

Das 5. Kapitel widmet sich der Zusammenarbeit der Menschheitsfamilie: Es geht um »Integration im Zeichen der Solidarität und nicht der Verdrängung« (53). Die klassischen Sozialprinzipien Solidarität und Subsidiarität werden in ihrer wechselseitigen Verwiesenheit für eine nachhaltige Entwicklung der Menschheitsfamilie entfaltet. Dabei wird für den spezifischen Beitrag des Christentums zum Aufbau der sozialen Gemeinschaft besonderer Raum gefordert. Zugleich erkennt die Enzyklika an, dass andere Kulturen und Religionen, die Brüderlichkeit und Frieden lehren, ebenfalls einen Beitrag zur ganzheitlichen Entwicklung des Menschen leisten können.
Auf der Basis der Erkenntnis, dass die »Entwicklung des

Menschen verkommt, wenn er sich anmaßt, sein eigener und einziger Hervorbringer zu sein« (68), entfaltet das letzte Kapitel höchst komplexe Gedanken zur Bedeutung der Technik für die Entwicklung der Völker. Dabei wird deutlich: Technik, als Ausdruck menschlicher Freiheit und Autonomie durchaus positiv gewertet, bedarf immer eines dementsprechenden verantworteten Umgangs und Einsatzes.

Der Schluss der Enzyklika lenkt den Blick wieder auf den grundlegenden Gedanken einer wahren, integralen, christlichen und damit zugleich humanen Entwicklung des Einzelnen und aller Menschen. Solche Entwicklung braucht Christen, die sich bei allem Engagement für Gerechtigkeit und Gemeinwohl weltweit bewusst bleiben, dass echte Entwicklung letztlich nicht Menschenwerk, sondern Geschenk Gottes ist.

Würdigung:
Die Sozialenzyklika *Caritas in veritate* ist ein großartiges Werk, das allen Menschen guten Willens zentrale Voraussetzungen einer menschengerechten und -würdigen Entwicklung – und damit auch der Globalisierung – vor Augen hält. Es beeindruckt, wie es Papst Benedikt XVI. gelingt, die Dynamik und Kraft der Liebe, die er bereits in den Mittelpunkt seiner Antrittsenzyklika *Deus caritas est* stellte, nun mit Blick auf die unterschiedlichen Aspekte, Forderungen und Erscheinungsweisen im sozialen Bereich zu entfalten. Dabei legt er eine höchst eindrucksvolle, in der gegenwärtigen Krise hochaktuelle und vielschichtige soziale Verkündigung vor, die dem klaren Grundgedanken folgt: Es geht um die ganzheitliche Entwicklung des Menschen, die nur im Kontext der Gemeinschaft, für die es Verantwortung zu übernehmen gilt, ganz

zur Entfaltung kommt und die dem Potential einer wahrhaften, wahrheits- und vernunftgeleiteten Liebe entstammt: »Caritas in veritate«.

Die stringente Ausrichtung auf den Menschen und seine humane Entwicklung als Fokus des gesellschaftlichen und besonders auch des wirtschaftlichen Lebens unterscheidet die Enzyklika wohltuend von Ausarbeitungen, die eine partikuläre Orientierung an wirtschaftsethischen Einzelfragen oder einseitig an der Welt der Wirtschaft aufweisen und die der Zentralität des Menschen nicht in vollem Umfang gerecht werden. Einer Zentralität, die einerseits der Vernunft zugänglich ist und zugleich dem Glauben entspricht, dass der Mensch Abbild Gottes ist und eine entsprechende Beachtung verlangt. Auf diesem Hintergrund erörtert der Papst praktisch das gesamte Spektrum drängender Problemstellungen unter den Bedingungen einer Krise der globalisierten Weltwirtschaft und -gesellschaft, die die Aktualität der Thematik verdeutlichen. Niemals kommt dabei die Perspektive des einzelnen Menschen und seiner Moral und Verantwortung zu kurz, übrigens auch nicht in Bezug auf sein persönliches und familiäres Leben. Ebenso wenig die nur scheinbar wirtschaftsfernen, in Wirklichkeit sehr ökonomierelevanten Aspekte eines Machbarkeitswahns im kulturellen Leben, im wissenschaftlichen Fortschritt und insbesondere im Lebensschutz.

Die Enzyklika ist ein bedeutender Schritt in der Fortschreibung der Katholischen Soziallehre und stellt mit ihrer Sicht einer ganzheitlichen Entwicklung einen wichtigen Beitrag zu den Fragen der Globalisierung mit ihren Vorteilen und ihren Gefahren dar. Nicht Handlungsanweisungen politischer oder ökonomischer Art sind das Anliegen des Papstes, nicht Lösungskonzepte der gegenwärtigen Krise die Aufgabe der Soziallehre der Kirche. Vielmehr geht es darum, den Blick erneut auf die zentrale, aber in Vergessenheit geratene Dimension von Entwicklung zu lenken: auf eine ganzheitliche Entwicklung, orientiert an den Prinzipien von Gerechtigkeit und Gemeinwohl, die Ausdruck der Liebe in Wahrheit sind. Nicht zuletzt der Zeitpunkt der Veröffentlichung – einen Tag vor Beginn des G8-Gipfels in L'Aquila – macht die Dringlichkeit des Anliegens deutlich. Der Papst ruft nicht nur die Verantwortlichen der wichtigsten Industrienationen der Welt auf, den aktuellen Herausforderungen mutig zu begegnen und dabei die notwendigen ethischen Grundlagen nicht zu vergessen, sondern ermutigt alle Menschen guten Willens, sich als Gestalter, nicht als Opfer derzeitiger Entwicklungen zu sehen. Umdenken ist bei allen gefordert! Die Enzyklika enthält sich pauschaler Urteile über das Wirtschaftsleben und unterzieht es stattdessen einer differenzierten Betrachtung, die z. B. dem Wirtschaftswettbewerb, der Finanzwelt und ihren Kreditinstrumenten, der Unternehmensentwicklung und den Herausforderungen an Unternehmer wie auch an Beschäftigte gewidmet ist. Keine vorschnellen Verurteilungen auszusprechen, bedeutet nicht, sich klarer Urteile zu enthalten, auch nicht hinsichtlich z. B. der langfristig wichtigen Forderungen des Energieverbrauchs, des Naturschutzes und anderer Dimensionen eines nachhaltigen Lebensstils, das gleichwohl auf eine Absolutsetzung ökologischer Ziele verzichtet. Wir deutschen Bischöfe begrüßen dankbar die erste Sozialenzyklika unseres Papstes. Sie analysiert nicht nur in einer präzisen Art und Weise die Zeichen der Zeit, sondern nennt notwendige Kriterien, die zu beachten sind, um weltweit nachhaltig

Gerechtigkeit zu befördern. Mit ihren in besonderer Weise theologisch rückgebundenen und entfalteten ethischen Grundsätzen weist sie nicht nur der Kirche, sondern auch der Menschheit insgesamt einen Weg in eine Zukunft, die vom Gemeinwohl geprägt sein kann. Der Papst gibt viele Anregungen, denen wir deutsche Bischöfe ein Gehör bei den Akteuren in Gesellschaft, Politik und Wirtschaft wünschen, und die wir innerhalb und außerhalb der Kirche bekanntmachen und zur Geltung bringen werden. Wir freuen uns darauf, dass die Enzyklika die öffentliche Meinungsbildung bereichert, und danken dem Heiligen Vater für seine Reflexionen und Weisungen.

ENZYKLIKA

CARITAS IN VERITATE

VON PAPST BENEDIKT XVI.

AN DIE BISCHÖFE

AN DIE PRIESTER UND DIAKONE

AN DIE PERSONEN
GOTTGEWEIHTEN LEBENS

AN DIE CHRISTGLÄUBIGEN LAIEN

UND AN ALLE MENSCHEN GUTEN WILLENS

ÜBER DIE GANZHEITLICHE ENTWICKLUNG
DES MENSCHEN IN DER LIEBE
UND IN DER WAHRHEIT

EINLEITUNG

1. Caritas in veritate – die Liebe in der Wahrheit, die Jesus Christus mit seinem irdischen Leben und vor allem mit seinem Tod und seiner Auferstehung bezeugt hat, ist der hauptsächliche Antrieb für die wirkliche Entwicklung eines jeden Menschen und der gesamten Menschheit. Die Liebe – »caritas« – ist eine außerordentliche Kraft, welche die Menschen drängt, sich mutig und großherzig auf dem Gebiet der Gerechtigkeit und des Friedens einzusetzen. Es ist eine Kraft, die ihren Ursprung in Gott hat, der die ewige Liebe und die absolute Wahrheit ist. Jeder findet sein Glück, indem er in den Plan einwilligt, den Gott für ihn hat, um ihn vollkommen zu verwirklichen: In diesem Plan findet er nämlich seine Wahrheit, und indem er dieser Wahrheit zustimmt, wird er frei (vgl. Joh 8,22). Die Wahrheit zu verteidigen, sie demütig und überzeugt vorzubringen und sie im Leben zu bezeugen, sind daher anspruchsvolle und unersetzliche Formen der Liebe. Denn diese »freut sich an der Wahrheit« (1 Kor 13,6). Alle Menschen spüren den inneren Impuls, wahrhaft zu lieben: Liebe und Wahrheit weichen niemals gänzlich von ihnen, denn sie sind die Berufung, die Gott ins Herz und in den Geist eines jeden Menschen gelegt hat. Jesus Christus reinigt und befreit die Suche nach der Liebe und der Wahrheit von unseren menschlichen Armseligkeiten und offenbart uns vollends die Initiative der Liebe und den Plan eines wahren Lebens, das Gott für uns vorbereitet hat. Die Liebe in der Wahrheit wird zum Gesicht Christi; und in Christus wird sie zur Berufung für uns, unsere Mitmenschen in der Wahrheit seines Planes zu lieben. Er selbst ist ja die Wahrheit (vgl. Joh 14,6).

2. Liebe ist der Hauptweg der Soziallehre der Kirche. Jede von dieser Lehre beschriebene Verantwortung und Verpflichtung geht aus der Liebe hervor, die nach den Worten Jesu die Zusammenfassung des ganzen Gesetzes ist (vgl. Mt 22,36-40). Sie verleiht der persönlichen Beziehung zu Gott und zum Nächsten einen wahren Gehalt; sie ist das Prinzip nicht nur der Mikro-Beziehungen – in Freundschaft, Familie und kleinen Gruppen –, sondern auch der Makro-Beziehungen – in gesellschaftlichen, wirtschaftlichen und politischen Zusammenhängen. Für die Kirche ist – vom Evangelium her – die Liebe alles, denn, wie uns der heilige Johannes lehrt (vgl. 1 Joh 4,8.16) und ich in meiner ersten Enzyklika in Erinnerung gerufen habe: »Gott ist Liebe« (*Deus caritas est*): Aus der Liebe Gottes geht alles hervor, durch sie nimmt alles Gestalt an, und alles strebt ihr zu. Die Liebe ist das größte Geschenk, das Gott den Menschen gemacht hat, sie ist seine Verheißung und unsere Hoffnung.
Ich weiß um die Entstellungen und die Sinnentleerungen, denen die Liebe ausgesetzt war und ist, mit der entsprechenden Gefahr, dass sie missverstanden, aus der ethischen Lebenspraxis ausgeschlossen und in jedem Fall daran gehindert wird, in rechter Weise zur Geltung zu kommen. Im gesellschaftlichen, rechtlichen, kulturellen, politischen und wirtschaftlichen Bereich, also in den Zusammenhängen, die für diese Gefahr am anfälligsten sind, wird die Liebe leicht als unerheblich für die Interpretation und die Orientierung der moralischen Verantwortung erklärt. Daher ist es notwendig, die Liebe und die Wahrheit nicht nur in der vom heiligen Paulus angegebenen Richtung der »veritas in caritate« (Eph 4,15) miteinander zu verbinden, sondern auch in der entgegengesetzten und komplementären von »caritas in veritate«. Die Wahrheit muss in der »Ökonomie« der Liebe

gesucht, gefunden und ausgedrückt werden, aber die Liebe muss ihrerseits im Licht der Wahrheit verstanden, bestätigt und praktiziert werden. Auf diese Weise werden wir nicht nur der von der Wahrheit erleuchteten Liebe einen Dienst erweisen, sondern wir werden auch dazu beitragen, dass sich die Wahrheit glaubwürdig erweist, indem wir ihre Authentizität und ihre Überzeugungskraft im konkreten gesellschaftlichen Leben deutlich machen. Das ist heute von nicht geringer Bedeutung in einem sozialen und kulturellen Umfeld, das die Wahrheit relativiert und ihr gegenüber oft gleichgültig und ablehnend eingestellt ist.

3. Wegen dieser engen Verbindung mit der Wahrheit kann die Liebe als authentischer Ausdruck des Menschseins und als ein Element von grundlegender Bedeutung in den menschlichen Beziehungen – auch im öffentlichen Bereich – erkannt werden. Nur in der Wahrheit erstrahlt die Liebe und kann glaubwürdig gelebt werden. Die Wahrheit ist ein Licht, das der Liebe Sinn und Wert verleiht. Es ist das Licht der Vernunft wie auch des Glaubens, durch das der Verstand zur natürlichen und übernatürlichen Wahrheit der Liebe gelangt: er erfasst ihre Bedeutung als Hingabe, Annahme und Gemeinschaft. Ohne Wahrheit gleitet die Liebe in Sentimentalität ab. Sie wird ein leeres Gehäuse, das man nach Belieben füllen kann. Das ist die verhängnisvolle Gefahr für die Liebe in einer Kultur ohne Wahrheit. Sie wird Opfer der zufälligen Gefühle und Meinungen der Einzelnen, ein Wort, das missbraucht und verzerrt wird, bis es schließlich das Gegenteil bedeutet. Die Wahrheit befreit die Liebe von den Verengungen einer Emotionalisierung, die sie rationaler und sozialer Inhalte beraubt, und eines Fideismus, der ihr die menschliche und universelle Weite nimmt. In der Wahr-

heit spiegelt die Liebe die persönliche und zugleich öffentliche Dimension des Glaubens an den biblischen Gott wider, der zugleich »Agape« und »Logos« ist: Caritas und Wahrheit, Liebe und Wort.

4. Da die Liebe voll Wahrheit ist, kann sie vom Menschen in ihrem Reichtum an Werten begriffen, zustimmend angenommen und vermittelt werden. Denn die Wahrheit ist „lógos", der „diá-logos" schafft und damit Austausch und Gemeinschaft bewirkt. Indem die Wahrheit die Menschen aus den subjektiven Meinungen und Empfindungen herausholt, gibt sie ihnen die Möglichkeit, kulturelle und geschichtliche Festlegungen zu überwinden und in der Beurteilung von Wert und Wesen der Dinge einander zu begegnen. Die Wahrheit öffnet den Verstand der Menschen und vereint ihre Intelligenz im Logos der Liebe: Das ist die Botschaft und das christliche Zeugnis der Liebe. Wenn wir im augenblicklichen sozialen und kulturellen Umfeld, in dem die Tendenz zur Relativierung der Wahrheit verbreitet ist, die Liebe in der Wahrheit leben, kommen wir zu der Einsicht, dass die Zustimmung zu den Werten des Christentums ein nicht nur nützliches, sondern unverzichtbares Element für den Aufbau einer guten Gesellschaft und einer echten ganzheitlichen Entwicklung des Menschen ist. Ein Christentum der Liebe ohne Wahrheit kann leicht mit einem Vorrat an guten, für das gesellschaftliche Zusammenleben nützlichen, aber nebensächlichen Gefühlen verwechselt werden. Auf diese Weise gäbe es keinen eigentlichen Platz mehr für Gott in der Welt. Ohne die Wahrheit wird die Liebe in einen begrenzten und privaten Bereich von Beziehungen verbannt. Aus den Planungen und den Prozessen zum Aufbau einer menschlichen Entwicklung von umfassender Trag-

weite – im Dialog zwischen Wissen und Praxis – wird sie ausgeschlossen.

5. Caritas ist empfangene und geschenkte Liebe. Sie ist »Gnade« (cháris). Ihre Quelle ist die ursprüngliche Liebe des Vaters zum Sohn im Heiligen Geist. Sie ist Liebe, die vom Sohn her zu uns herabfließt. Sie ist schöpferische Liebe, aus der wir unser Sein haben; sie ist erlösende Liebe, durch die wir wiedergeboren sind. Sie ist von Christus offenbarte und verwirklichte Liebe (vgl. Joh 13,1), »ausgegossen in unsere Herzen durch den Heiligen Geist« (Röm 5,5). Als Empfänger der Liebe Gottes sind die Menschen eingesetzt, Träger der Nächstenliebe zu sein, und dazu berufen, selbst Werkzeuge der Gnade zu werden, um die Liebe Gottes zu verbreiten und Netze der Nächstenliebe zu knüpfen.
Auf diese Dynamik der empfangenen und geschenkten Liebe geht die Soziallehre der Kirche ein. Sie ist »caritas in veritate in re sociali«: Verkündigung der Wahrheit der Liebe Christi in der Gesellschaft. Diese Lehre ist Dienst der Liebe, aber in der Wahrheit. Die Wahrheit ist Hüterin und Ausdruck der befreienden Kraft der Liebe in den immer neuen Wechselfällen der Geschichte. Sie ist zugleich Wahrheit des Glaubens und der Vernunft, in der Unterscheidung ebenso wie im Zusammenwirken der beiden Erkenntnisbereiche. Für die Entwicklung, den gesellschaftlichen Wohlstand und eine angemessene Lösung der schweren sozioökonomischen Probleme, welche die Menschheit plagen, ist diese Wahrheit notwendig. Und noch notwendiger dafür ist, dass diese Wahrheit geliebt und bezeugt wird. Ohne Wahrheit, ohne Vertrauen und Liebe gegenüber dem Wahren gibt es kein Gewissen und keine soziale Verantwortung: Das soziale Handeln wird ein Spiel privater Interessen und Logiken der

Macht, mit zersetzenden Folgen für die Gesellschaft, um so mehr in einer Gesellschaft auf dem Weg zur Globalisierung und in schwierigen Situationen wie der augenblicklichen.

6. »Caritas in veritate«ist das Prinzip, um das die Soziallehre der Kirche kreist, ein Prinzip, das in Orientierungsmaßstäben für das moralische Handeln wirksame Gestalt annimmt. Besonders zwei von ihnen möchte ich erwähnen, die speziell beim Einsatz für die Entwicklung in einer Gesellschaft auf dem Weg zur Globalisierung erforderlich sind: die Gerechtigkeit und das Gemeinwohl.
Zunächst die Gerechtigkeit. Ubi societas, ibi ius: Jede Gesellschaft erarbeitet ein eigenes Rechtssystem. Die Liebe geht über die Gerechtigkeit hinaus, denn lieben ist schenken, dem anderen von dem geben, was »mein« ist; aber sie ist nie ohne die Gerechtigkeit, die mich dazu bewegt, dem anderen das zu geben, was »sein« ist, das, was ihm aufgrund seines Seins und seines Wirkens zukommt. Ich kann dem anderen nicht von dem, was mein ist, »schenken«, ohne ihm an erster Stelle das gegeben zu haben, was ihm rechtmäßig zusteht. Wer den anderen mit Nächstenliebe begegnet, ist vor allem gerecht zu ihnen. Die Gerechtigkeit ist der Liebe nicht nur in keiner Weise fremd, sie ist nicht nur kein alternativer oder paralleler Weg zur ihr: Die Gerechtigkeit ist untrennbar mit der Liebe verbunden,[1] sie ist ein ihr innewohnendes Element. Die Gerechtigkeit ist der erste Weg der Liebe oder – wie Paul VI. sagte – ihr »Mindestmaß«,[2] ein wesentlicher Bestandteil jener Liebe »in Tat und Wahrheit« (1 Joh 3,18), zu der der Apostel Johannes aufruft. Zum einen erfordert die Liebe die Gerechtigkeit: die Anerkennung und die Achtung der legitimen Rechte der einzelnen und der Völker. Sie setzt sich für den Aufbau der »Stadt des Menschen«

nach Recht und Gerechtigkeit ein. Zum andern geht die Liebe über die Gerechtigkeit hinaus und vervollständigt sie in der Logik des Gebens und Vergebens.[3] Die »Stadt des Menschen« wird nicht nur durch Beziehungen auf der Grundlage von Rechten und Pflichten gefördert, sondern noch mehr und zuerst durch Verbindungen, die durch Unentgeltlichkeit, Barmherzigkeit und Gemeinsamkeit gekennzeichnet sind. Die Nächstenliebe offenbart auch in den menschlichen Beziehungen immer die Liebe Gottes; diese verleiht jedem Einsatz für Gerechtigkeit in der Welt einen theologalen und heilbringenden Wert.

7. Ferner muss besonderer Wert auf das Gemeinwohl gelegt werden. Jemanden lieben heißt sein Wohl im Auge haben und sich wirkungsvoll dafür einsetzen. Neben dem individuellen Wohl gibt es eines, das an das Leben der Menschen in Gesellschaft gebunden ist: das Gemeinwohl. Es ist das Wohl jenes »Wir alle«, das aus Einzelnen, Familien und kleineren Gruppen gebildet wird, die sich zu einer sozialen Gemeinschaft zusammenschließen.[4] Es ist nicht ein für sich selbst gesuchtes Wohl, sondern für die Menschen, die zu der sozialen Gemeinschaft gehören und nur in ihr wirklich und wirkungsvoller ihr Wohl erlangen können. Das Gemeinwohl wünschen und sich dafür verwenden ist ein Erfordernis von Gerechtigkeit und Liebe. Sich für das Gemeinwohl einzusetzen bedeutet, die Gesamtheit der Institutionen, die das soziale Leben rechtlich, zivil, politisch und kulturell strukturieren, einerseits zu schützen und andererseits sich ihrer zu bedienen, so dass auf diese Weise die Polis, die Stadt Gestalt gewinnt. Man liebt den Nächsten um so wirkungsvoller, je mehr man sich für ein gemeinsames Gut einsetzt, das auch seinen realen Bedürfnissen entspricht. Jeder Christ

ist zu dieser Nächstenliebe aufgerufen, in der Weise seiner Berufung und entsprechend seinen Einflussmöglichkeiten in der Polis. Das ist der institutionelle – wir können auch sagen politische – Weg der Nächstenliebe, der nicht weniger tauglich und wirksam ist als die Liebe, die dem Nächsten unmittelbar, außerhalb der institutionellen Vermittlungen der Polis entgegenkommt. Wenn der Einsatz für das Gemeinwohl von der Liebe beseelt ist, hat er eine höhere Wertigkeit als der nur weltliche, politische. Wie jeder Einsatz für die Gerechtigkeit gehört er zu jenem Zeugnis der göttlichen Liebe, das, während es in der Zeit wirkt, die Ewigkeit vorbereitet. Wenn das Handeln des Menschen auf Erden von der Liebe inspiriert und unterstützt wird, trägt es zum Aufbau jener universellen Stadt Gottes bei, auf die sich die Geschichte der Menschheitsfamilie zu bewegt. In einer Gesellschaft auf dem Weg zur Globalisierung müssen das Gemeinwohl und der Einsatz dafür unweigerlich die Dimensionen der gesamten Menschheitsfamilie, also der Gemeinschaft der Völker und der Nationen,[5] annehmen, so dass sie der Stadt des Menschen die Gestalt der Einheit und des Friedens verleihen und sie gewissermaßen zu einer vorausdeutenden Antizipation der grenzenlosen Stadt Gottes machen.

8. Durch die Veröffentlichung der Enzyklika *Populorum progressio* im Jahr 1967 hat mein verehrter Vorgänger Paul VI. das große Thema der Entwicklung der Völker unter dem Glanz der Wahrheit und dem Licht der Liebe Christi beleuchtet. Er hat bekräftigt, dass die Verkündigung Christi der erste und hauptsächliche Entwicklungsfaktor ist,[6] und er hat uns aufgegeben, auf dem Weg der Entwicklung mit unserem Herzen und all unserer Intelligenz voranzugehen,[7] das heißt mit

dem Feuer der Liebe und der Weisheit der Wahrheit. Es ist die ursprüngliche Wahrheit der Liebe Gottes, eine uns geschenkte Gnade, die unser Leben für die Gabe öffnet und es möglich macht, eine Entwicklung »des ganzen Menschen und der ganzen Menschheit«,[8] einen Übergang »von weniger menschlichen zu menschlicheren Bedingungen«[9] zu erhoffen, der durch die Überwindung der unweigerlich auf dem Weg anzutreffenden Schwierigkeiten erreicht wird.

Über vierzig Jahre nach der Veröffentlichung der Enzyklika möchte ich dem Gedenken des großen Papstes Paul VI. Anerkennung zollen und Ehre erweisen, indem ich seine Lehren über die ganzheitliche Entwicklung des Menschen aufnehme und mich auf den von ihnen vorgezeichneten Weg begebe, um sie in der gegenwärtigen Zeit zu aktualisieren. Dieser Prozess der Aktualisierung begann mit der Enzyklika *Sollicitudo rei socialis*, mit welcher der Diener Gottes Papst Johannes Paul II. der Veröffentlichung von *Populorum progressio* anlässlich ihres zwanzigsten Jahrestags gedenken wollte. Ein solches Andenken war bis dahin nur der Enzyklika *Rerum novarum* zuteil geworden. Nachdem nun weitere zwanzig Jahre vergangen sind, bringe ich meine Überzeugung zum Ausdruck, dass die Enzyklika *Populorum progressio* verdient, als »die *Rerum novarum* unserer Zeit« angesehen zu werden, welche die Schritte der Menschheit auf dem Weg zu einer Einigung erleuchtet.

9. Die Liebe in der Wahrheit – caritas in veritate – ist eine große Herausforderung für die Kirche in einer Welt der fortschreitenden und um sich greifenden Globalisierung. Die Gefahr unserer Zeit besteht darin, dass der tatsächlichen Abhängigkeit der Menschen und der Völker untereinander keine ethische Wechselbeziehung von Gewissen und Ver-

stand der Beteiligten entspricht, aus der eine wirklich menschliche Entwicklung als Ergebnis hervorgehen könnte. Nur mit der vom Licht der Vernunft und des Glaubens erleuchteten Liebe ist es möglich, Entwicklungsziele zu erreichen, die einen menschlicheren und vermenschlichenderen Wert besitzen. Das Teilen der Güter und der Ressourcen, aus dem die echte Entwicklung hervorgeht, wird nicht allein durch technischen Fortschritt und durch bloß vom Kalkül bestimmte Beziehungen gewährleistet, sondern durch das Potential der Liebe, die das Böse durch das Gute besiegt (vgl. Röm 12,21) und die Menschen dafür öffnet, in ihrem Gewissen und mit ihrer Freiheit aufeinander einzugehen.

Die Kirche hat keine technischen Lösungen anzubieten[10] und beansprucht keineswegs, »sich in die staatlichen Belange einzumischen«.[11] Sie hat aber zu allen Zeiten und unter allen Gegebenheiten eine Sendung der Wahrheit zu erfüllen für eine Gesellschaft, die dem Menschen und seiner Würde und Berufung gerecht wird. Ohne Wahrheit verfällt man in eine empiristische und skeptische Lebensauffassung, die unfähig ist, sich über die Praxis zu erheben, weil sie nicht daran interessiert ist, die Werte – und bisweilen sogar die Bedeutungen – zu erfassen, mit denen diese zu beurteilen und nach denen sie auszurichten ist. Die Treue zum Menschen erfordert die Treue zur Wahrheit, die allein Garant der Freiheit (vgl. Joh 8,32) und der Möglichkeit einer ganzheitlichen menschlichen Entwicklung ist. Darum sucht die Kirche die Wahrheit, verkündet sie unermüdlich und erkennt sie an, wo immer sie sich offenbart. Diese Sendung der Wahrheit ist für die Kirche unverzichtbar. Ihre Soziallehre ist ein besonderer Aspekt dieser Verkündigung: Sie ist Dienst an der Wahrheit, die befreit. Offen für die Wahrheit, gleichgültig aus welcher Wissensrichtung sie kommt, nimmt die Soziallehre der Kirche sie auf, setzt die Bruchstücke, in der sie sie häufig vorfindet, zu einer Einheit zusammen und vermittelt sie in die immer neue Lebenspraxis der Gesellschaft der Menschen und der Völker hinein.[12]

Erstes Kapitel
DIE BOTSCHAFT VON POPULORUM PROGRESSIO

10. Die erneute Lektüre von *Populorum progressio* über vierzig Jahre nach ihrer Veröffentlichung regt dazu an, ihrer Botschaft der Liebe und der Wahrheit treu zu bleiben und sie im Kontext der spezifischen Lehre Papst Paul VI. und allgemeiner innerhalb der Tradition der Soziallehre der Kirche zu betrachten. Alsdann sind die anderen Bedingungen zu erwägen, unter denen sich das Problem der Entwicklung heute im Unterschied zu damals stellt. Der richtige Gesichtspunkt ist also jener der Überlieferung des apostolischen Glaubens,[13] des alten und neuen Erbes, außerhalb dessen *Populorum progressio* ein Dokument ohne Wurzeln wäre und die Entwicklungsfragen sich einzig auf soziologische Daten reduzieren würden.

11. Die Publikation von *Populorum progressio* geschah unmittelbar nach Abschluss des Zweiten Vatikanischen Konzils. Die Enzyklika selbst weist in den ersten Absätzen auf ihre enge Beziehung zum Konzil hin.[14] Papst Johannes Paul II. unterstrich zwanzig Jahre danach in *Sollicitudo rei socialis* seinerseits die fruchtbare Verbindung jener Enzyklika zum Konzil, insbesondere zur Pastoralkonstitution *Gaudium et spes*.[15] Auch ich möchte hier an die Bedeutung des Zweiten Vatikanischen Konzils für die Enzyklika Papst Paul VI. und für das gesamte nachfolgende Lehramt der Päpste in sozialen Fragen erinnern. Das Konzil vertiefte, was seit jeher zur Wahrheit des Glaubens gehört, dass nämlich die Kirche, da sie im Dienst Gottes steht, bezüglich der Liebe und der Wahrheit

im Dienst der Welt steht. Genau von dieser Sicht ging Papst Paul VI. aus, um uns zwei große Wahrheiten mitzuteilen. Die erste ist, dass die ganze Kirche, wenn sie verkündet, Eucharistie feiert und in der Liebe wirkt, in all ihrem Sein und Handeln darauf ausgerichtet ist, die ganzheitliche Entwicklung des Menschen zu fördern. Sie hat eine öffentliche Rolle, die sich nicht in ihrem Einsatz in der Fürsorge oder der Erziehung erschöpft, sondern all ihre besonderen Kräfte im Dienst der Förderung des Menschen und der weltweiten Geschwisterlichkeit offenbart, wenn sie sich eines freiheitlichen Regimes bedienen kann. In nicht wenigen Fällen ist diese Freiheit behindert durch Verbote und Verfolgungen oder auch eingeschränkt, wenn die öffentliche Präsenz der Kirche einzig auf ihre karitativen Aktivitäten begrenzt wird. Die zweite Wahrheit ist, dass die echte Entwicklung des Menschen einheitlich die Gesamtheit der Person in all ihren Dimensionen betrifft.[16] Ohne die Aussicht auf ein ewiges Leben fehlt dem menschlichen Fortschritt in dieser Welt der große Atem. Wenn er innerhalb der Geschichte eingeschlossen bleibt, ist er der Gefahr ausgesetzt, sich auf eine bloße Zunahme des Besitztums zu beschränken; so verliert die Menschheit den Mut, für die höheren Güter aufnahmebereit zu sein, für die großen und selbstlosen Initiativen, zu denen die universale Nächstenliebe drängt. Der Mensch entwickelt sich nicht bloß mit den eigenen Kräften, noch kann die Entwicklung ihm einfach von außen gegeben werden. Im Laufe der Geschichte hat man oft gemeint, die Schaffung von Institutionen genüge, um der Menschheit die Erfüllung ihres Rechtes auf Entwicklung zu gewährleisten. Leider hat man in solche Institutionen ein übertriebenes Vertrauen gesetzt, so als könnten sie das ersehnte Ziel automatisch erlangen. In Wirklichkeit reichen die Institutionen allein nicht aus, denn die ganzheitliche Entwicklung des Menschen ist vor allem Berufung und verlangt folglich von allen eine freie und solidarische Übernahme von Verantwortung. Eine solche Entwicklung erfordert außerdem eine transzendente Sicht der Person, sie braucht Gott: Ohne ihn wird die Entwicklung entweder verweigert oder einzig der Hand des Menschen anvertraut, der in die Anmaßung der Selbst-Erlösung fällt und schließlich eine entmenschlichte Entwicklung fördert. Im Übrigen gestattet nur die Begegnung mit Gott, nicht »im anderen immer nur den anderen zu sehen«,[17] sondern in ihm das göttliche Bild zu erkennen und so dahin zu gelangen, wirklich den anderen zu entdecken und eine Liebe reifen zu lassen, die »Sorge um den anderen und für den anderen«[18] wird.

12. Die Verbindung zwischen *Populorum progressio* und dem Zweiten Vatikanischen Konzil stellt nicht etwa einen Bruch zwischen dem Lehramt Papst Paul VI. in sozialen Fragen und dem seiner Vorgänger auf dem Stuhl Petri dar, denn das Konzil ist eine Vertiefung dieser Lehre in der Kontinuität des Lebens der Kirche.[19] In diesem Sinn tragen gewisse abstrakte Unterteilungen der modernen Soziallehre der Kirche, die auf die sozialen Aussagen der Päpste ihr fremde Kategorien anwenden, nicht zur Klärung bei. Es gibt nicht zwei Typologien von Soziallehre, eine vorkonziliare und eine nachkonziliare, die sich voneinander unterscheiden, sondern eine einzige kohärente und zugleich stets neue Lehre.[20] Es ist richtig, die Besonderheiten der einen oder der anderen Enzyklika, der Lehre des einen oder des anderen Papstes hervorzuheben, man darf dabei aber niemals die Kohärenz des gesamten Corpus der Lehre aus den Augen verlieren.[21] Kohärenz bedeutet nicht ein Einschließen in ein System, sondern viel-

mehr dynamische Treue zu einem empfangenen Licht. Die Soziallehre der Kirche beleuchtet die immer neuen Probleme, die auftauchen, mit einem Licht, das sich nicht verändert.[22] Das gewährleistet den sowohl permanent aktuellen als auch geschichtlichen Charakter dieses doktrinellen »Erbes«,[23] das mit seinen spezifischen Merkmalen Teil der stets lebendigen Überlieferung der Kirche ist.[24] Die Soziallehre der Kirche ist auf dem Fundament aufgebaut, das die Apostel den Kirchenvätern übermittelt haben und das dann von den großen christlichen Lehrmeistern aufgenommen und vertieft wurde. Diese Lehre greift letztlich auf den Neuen Menschen zurück, auf den »Letzten Adam«, der »lebendig machender Geist« wurde (1 Kor 15,45) und Ursprung jener Liebe ist, die »niemals aufhört« (1 Kor 13,8). Sie ist bezeugt von den Heiligen und von allen, die auf dem Gebiet der Gerechtigkeit und des Friedens ihr Leben für Christus, den Erlöser, hingegeben haben. In ihr kommt die prophetische Aufgabe der Päpste zum Ausdruck, die Kirche Christi apostolisch zu leiten und die jeweils neuen Erfordernisse der Evangelisierung zu erkennen. Aus diesen Gründen ist die in den großen Strom der Überlieferung eingebettete Enzyklika *Populorum progressio* imstande, uns heute noch etwas zu sagen.

13. Außer ihrer bedeutenden Verbindung mit der ganzen Soziallehre der Kirche ist die Enzyklika *Populorum progressio* mit dem gesamten Lehramt Papst Paul VI. und insbesondere mit seinem Lehramt in sozialen Fragen verknüpft. Seine Unterweisungen zu diesem Thema waren durchaus von großer Wichtigkeit: Er betonte die unabdingbare Rolle des Evangeliums für den Aufbau der Gesellschaft im Sinne von Freiheit und Gerechtigkeit, in der geistigen und historischen

Perspektive einer von der Liebe geleiteten Zivilisation. Papst Paul VI. erfasste klar, dass die soziale Frage weltweit geworden war,[25] und sah die innere Entsprechung zwischen dem Drängen auf eine Vereinheitlichung der Menschheit und dem christlichen Ideal einer einzigen, in der allgemeinen Brüderlichkeit solidarischen Familie der Völker. Er bezeichnete die menschlich und christlich verstandene Entwicklung als das Herz der christlichen Soziallehre und stellte die christliche Liebe als die hauptsächliche Kraft im Dienst der Entwicklung dar. Von dem Wunsch bewegt, die Liebe Christi dem heutigen Menschen ganz sichtbar zu machen, ging Papst Paul VI. mit Festigkeit wichtige ethische Fragen an, ohne den Schwächen der Kultur seiner Zeit nachzugeben.

14. Mit dem Apostolischen Schreiben *Octogesima adveniens* von 1971 thematisierte Papst Paul VI. dann den Sinn der Politik und die Gefahr seitens utopistischer und ideologischer Visionen, die ihre ethische und menschliche Qualität beeinträchtigten. Es handelt sich um Argumente, die mit der Entwicklung eng verbunden sind. Leider treiben die negativen Ideologien fortwährend Blüten. Vor der technokratischen Ideologie, die heute besonders verbreitet ist, hatte Papst Paul VI. bereits gewarnt,[26] wohl wissend, dass es sehr gefährlich ist, den gesamten Entwicklungsprozess allein der Technik zu überlassen, denn auf diese Weise würde ihm die Orientierung fehlen. Technik, für sich genommen, ist ambivalent. Wenn heute einerseits die Neigung besteht, ihr den besagten Entwicklungsprozess gänzlich anzuvertrauen, ist andererseits das Aufkommen von Ideologien zu beobachten, welche die Nützlichkeit der Entwicklung überhaupt leugnen, weil sie sie für grundsätzlich anti-

menschlich halten und meinen, sie führe zu allgemeinem Verfall. So verurteilt man letztlich nicht nur die verzerrte und ungerechte Weise, in der die Menschen manchmal den Fortschritt orientieren, sondern die wissenschaftlichen Entdeckungen selbst, die hingegen, wenn sie recht genutzt werden, eine Wachstumschance für alle darstellen. Die Vorstellung von einer Welt ohne Entwicklung drückt Misstrauen gegenüber dem Menschen und gegenüber Gott aus. Es ist also ein schwerer Irrtum, die menschlichen Fähigkeiten zur Kontrolle von Auswüchsen in der Entwicklung geringzuschätzen, oder sogar zu ignorieren, dass der Mensch konstitutiv dem »Mehr-Sein« entgegenstrebt. Den technischen Fortschritt ideologisch zu verabsolutieren oder die Utopie einer zum ursprünglichen Naturzustand zurückgekehrten Menschheit zu erträumen, sind zwei gegensätzliche Weisen, den Fortschritt von der moralischen Bewertung und somit von unserer Verantwortung zu trennen.

15. Zwei weitere Dokumente Papst Pauls VI., die nicht unmittelbar mit der Soziallehre zusammenhängen – die Enzyklika *Humanae vitae* vom 25. Juli 1968 und das Apostolische Schreiben *Evangelii nuntiandi* vom 8. Dezember 1975 – sind sehr wichtig, um den vollkommen menschlichen Gehalt der von der Kirche vorgeschlagenen Entwicklung zu beschreiben. Es ist also angebracht, auch diese beiden Texte in Verbindung mit *Populorum progressio* zu lesen.
Die Enzyklika *Humanae vitae* unterstreicht die zweifache Bedeutung der Sexualität als Vereinigung und als Zeugung und gründet damit die Gesellschaft auf das Fundament des Ehepaares, eines Mannes und einer Frau, die sich gegenseitig annehmen in ihrer Unterschiedenheit und Komplementarität; eines Paares also, das offen ist für das Leben.[27] Es han-

delt sich nicht um eine bloß individuelle Moral: *Humanae vitae* zeigt die starken Verbindungen auf, die zwischen der Ethik des Lebens und der Sozialethik bestehen und hat damit eine lehramtliche Thematik eröffnet, die nach und nach in verschiedenen Dokumenten Gestalt gewonnen hat, zuletzt in der Enzyklika *Evangelium vitae* Papst Johannes Pauls II.[28] Die Kirche betont mit Nachdruck diesen Zusammenhang zwischen der Ethik des Lebens und der Sozialethik, denn sie weiß: Unmöglich »kann eine Gesellschaft gesicherte Grundlagen haben, die – während sie Werte wie Würde der Person, Gerechtigkeit und Frieden geltend macht – sich von Grund auf widerspricht, wenn sie die verschiedensten Formen von Missachtung und Verletzung des menschlichen Lebens akzeptiert oder duldet, vor allem, wenn es sich um schwaches oder ausgegrenztes Leben handelt«.[29]

Das Apostolische Schreiben *Evangelii nuntiandi* hat seinerseits eine sehr enge Beziehung zur Entwicklung, denn »die Evangelisierung wäre nicht vollkommen«, schrieb Papst Paul VI., »wenn sie nicht dem Umstand Rechnung tragen würde, dass sich im Lauf der Zeit das Evangelium und das konkrete, persönliche und gemeinschaftliche Leben des Menschen gegenseitig fordern«.[30] »Zwischen Evangelisierung und menschlicher Förderung – Entwicklung und Befreiung – bestehen in der Tat enge Verbindungen«:[31] Von dieser Kenntnis ausgehend, stellte Papst Paul VI. die Beziehung zwischen der Verkündigung Christi und der Förderung des Menschen in der Gesellschaft klar heraus. Das Zeugnis für die Liebe Christi durch Werke der Gerechtigkeit, des Friedens und der Entwicklung gehört zur Evangelisierung, denn dem uns in Liebe zugewandten Jesus Christus liegt der ganze Mensch am Herzen. Auf diese wichtigen Lehren gründet sich der missionarische Aspekt[32] der Soziallehre der Kirche als wesentliches Element der Evangelisierung.[33] Die Soziallehre der Kirche ist Glaubensverkündigung und Glaubenszeugnis. Sie ist Instrument und unverzichtbarer Ort der Erziehung zum Glauben.

16. In der Enzyklika *Populorum progressio* wollte Papst Paul VI. uns vor allem sagen, dass der Fortschritt in seinem Ursprung und seinem Wesen nach eine Berufung ist: »Nach dem Plan Gottes ist jeder Mensch gerufen, sich zu entwickeln; denn das ganze Leben ist Berufung«.[34] Genau dieses Faktum rechtfertigt das Eingreifen der Kirche in den Problemkomplex der Entwicklung. Wenn es nur um technische Aspekte des menschlichen Lebens ginge und der Mensch weder den Sinn seines Voranschreitens in der Geschichte gemeinsam mit seinen Mitmenschen, noch die Zielbestimmung dieses Weges beachten würde, dann hätte die Kirche kein Recht, über diese Dinge zu sprechen. Papst Paul VI. war sich – wie schon sein Vorgänger Papst Leo XIII. in der Enzyklika *Rerum novarum*[36] – bewusst, eine seinem Amt eigene Pflicht zu erfüllen, indem er das Licht des Evangeliums auf die sozialen Fragen seiner Zeit warf.[36]
Wenn man sagt, dass die Entwicklung eine Berufung ist, bedeutet das anzuerkennen, dass sie zum einen aus einem transzendenten Ruf hervorgeht und zum andern nicht in der Lage ist, sich selbst ihren letzten Sinn zu geben. Nicht ohne Grund kommt das Wort »Berufung« auch an einer anderen Stelle der Enzyklika vor, wo es heißt: »Nur jener Humanismus also ist der wahre, der sich zum Absoluten hin öffnet, in Dank für eine Berufung, die die richtige Auffassung vom menschlichen Leben schenkt«.[37] Diese Sicht der Entwicklung ist das Herz von *Populorum progressio* und motiviert alle Reflexionen Papst Pauls VI. über die Freiheit, die Wahrheit

und die Liebe in der Entwicklung. Sie ist auch der Hauptgrund, warum diese Enzyklika in unseren Tagen noch aktuell ist.

17. Die Berufung ist ein Appell, der eine freie und verantwortliche Antwort verlangt. Die ganzheitliche menschliche Entwicklung setzt die verantwortliche Freiheit der Person und der Völker voraus: keine Struktur kann diese Entwicklung garantieren, wenn sie die menschliche Verantwortung beiseite lässt oder sich über sie stellt. Die »Messianismen«, reich an »Verheißungen, die doch nur Gaukler einer Traumwelt sind«,[38] gründen ihre eigenen Vorschläge immer auf die Leugnung der transzendenten Dimension der Entwicklung, in der Sicherheit, dass diese ihnen ganz zur Verfügung steht. Diese falsche Sicherheit verwandelt sich in Schwäche, weil sie die Unterjochung des Menschen mit sich bringt, der zu einem Mittel für die Entwicklung herabgewürdigt wird, während die Demut dessen, der eine Berufung annimmt, sich in wahre Autonomie verwandelt, weil sie den Menschen frei macht. Papst Paul VI. bezweifelt nicht, dass Hindernisse und Bedingtheiten die Entwicklung hemmen, aber er ist auch sicher, dass »jeder seines Glückes Schmied, seines Versagens Ursache [ist], wie immer auch die Einflüsse sind, die auf ihn wirken«.[39] Diese Freiheit betrifft die Entwicklung, die wir vor uns haben, aber sie betrifft zugleich auch die Situationen von Unterentwicklung, die nicht ein Ergebnis des Zufalls oder einer geschichtlichen Notwendigkeit sind, sondern von der menschlichen Verantwortung abhängen. Aus diesem Grund bitten »die Völker, die Hunger leiden, ... die Völker im Wohlstand dringend um Hilfe«.[40] Auch das ist Berufung, ein von freien Menschen an freie Menschen gerichteter Appell für eine gemeinsame Übernahme von Ver-

antwortung. Papst Paul VI. hatte ein lebendiges Empfinden für die Wichtigkeit der wirtschaftlichen Strukturen und der Institutionen, aber ebenso deutlich war sein Empfinden für deren eigentliches Wesen als Werkzeuge der menschlichen Freiheit. Nur wenn sie frei ist, kann die Entwicklung ganz menschlich sein; nur in Verhältnissen von verantwortlicher Freiheit kann sie in angemessener Weise wachsen.

18. Neben der Forderung nach Freiheit verlangt die ganzheitliche menschliche Entwicklung als Berufung auch, dass ihre Wahrheit respektiert wird. Die Berufung zum Fortschritt drängt die Menschen, »mehr [zu] handeln, mehr [zu] erkennen, mehr [zu] besitzen, um mehr zu sein«.[41] Doch da stellt sich das Problem: Was bedeutet »mehr sein«? Auf diese Frage antwortet Papst Paul VI., indem er auf das wesentliche Kennzeichen der »wahren Entwicklung« verweist: Sie muss »umfassend sein, sie muss den ganzen Menschen im Auge haben und die gesamte Menschheit«.[42] In der Konkurrenz der verschiedenen Auffassungen vom Menschen, von denen es in der heutigen Gesellschaft noch mehr gibt als zur Zeit Papst Pauls VI., hat die christliche Sichtweise die Besonderheit, den unveräußerlichen Wert des Menschen und den Sinn seines Wachsens zu bekräftigen und zu rechtfertigen. Die christliche Berufung zur Entwicklung hilft, die Förderung aller Menschen und des ganzen Menschen zu verfolgen. Papst Paul VI. schrieb: »Was für uns zählt, ist der Mensch, der einzelne, die Gruppe von Menschen bis zur gesamten Menschheit«.[43] Der christliche Glaube kümmert sich um die Entwicklung, ohne sich auf Privilegien oder auf Machtpositionen und nicht einmal auf die Verdienste der Christen zu verlassen, auch wenn es sie gab und auch heute abgesehen von natürlichen Grenzen gibt.[44] Der Glaube setzt vielmehr

einzig auf Christus, auf den jede echte Berufung zur ganzheitlichen menschlichen Entwicklung zurückzuführen ist. Das Evangelium ist grundlegendes Element der Entwicklung, denn darin macht Christus »in der Offenbarung des Geheimnisses des Vaters und seiner Liebe dem Menschen den Menschen selbst voll kund«.[45] Von ihrem Herrn belehrt, erforscht die Kirche die Zeichen der Zeit, deutet sie und bietet der Welt »ihr Ureigenstes: eine umfassende Sicht des Menschen und der Menschheit«.[46] Gerade weil Gott das größte »Ja« zum Menschen sagt,[47] kann der Mensch nicht darauf verzichten, sich der göttlichen Berufung zu öffnen, um die eigene Entwicklung zu verwirklichen. Die Wahrheit der Entwicklung besteht in ihrer Ganzheit: Wenn die Entwicklung nicht den ganzen Menschen und jeden Menschen betrifft, ist sie keine wahre Entwicklung. Das ist die zentrale Botschaft von *Populorum progressio*, die heute und immer gilt. Die ganzheitliche Entwicklung des Menschen auf der natürlichen Ebene als Antwort auf eine Berufung durch den Schöpfergott[48] erfordert ihre Verwirklichung in einem »Humanismus jenseitiger ... Art, der [dem Menschen] eine umgreifende Vollendung schenkt: das ist das Ziel und der letzte Sinn menschlicher Entwicklung«.[49] Die christliche Berufung zu dieser Entwicklung betrifft also sowohl die natürliche als auch die übernatürliche Ebene; aus diesem Grund gilt: »Wenn Gott in den Schatten gestellt wird, schwindet unsere Fähigkeit, die natürliche Ordnung, ihr Ziel und das ‚Gute' zu erkennen, allmählich dahin«.[50]

19. Schließlich verlangt die Auffassung von der Entwicklung als Berufung, dass in ihr die Liebe im Zentrum steht. Papst Paul VI. stellte in der Enzyklika *Populorum progressio* fest, dass die Ursachen der Unterentwicklung nicht in erster Linie

materieller Art sind. Er forderte uns auf, sie in anderen Dimensionen des Menschen zu suchen. Vor allem im Willen, der oft die Pflichten der Solidarität missachtet. An zweiter Stelle im Denken, das den Willen nicht immer in rechter Weise zu orientieren weiß. Zu begleiten wäre die Entwicklung daher durch »weise Menschen mit tiefen Gedanken, die nach einem neuen Humanismus Ausschau halten, der den Menschen von heute sich selbst finden lässt«.[51] Aber das ist nicht alles. Die Unterentwicklung hat eine Ursache, die noch wichtiger ist als die Unzulänglichkeit im Denken: Es ist das »Fehlen des brüderlichen Geistes unter den Menschen und unter den Völkern«.[52] Können die Menschen eine solche Brüderlichkeit jemals aus eigenem Antrieb erreichen? Die zunehmend globalisierte Gesellschaft macht uns zu Nachbarn, aber nicht zu Geschwistern. Die Vernunft für sich allein ist imstande, die Gleichheit unter den Menschen zu begreifen und ein bürgerliches Zusammenleben herzustellen, aber es gelingt ihr nicht, Brüderlichkeit zu schaffen. Diese hat ihren Ursprung in einer transzendenten Berufung durch Gott den Vater, der uns zuerst geliebt hat und uns durch den Sohn lehrt, was geschwisterliche Liebe ist. In seiner Darstellung der verschiedenen Ebenen des Entwicklungsprozesses des Menschen stellte Papst Paul VI., nachdem er den Glauben erwähnt hatte, an die Spitze »die Einheit in der Liebe Christi, der alle gerufen hat, als Kinder am Leben des lebendigen Gottes teilzunehmen, des Vaters aller Menschen«.[53]

20. Diese von *Populorum progressio* eröffneten Perspektiven bleiben grundlegend, um unserem Einsatz für die Entwicklung der Völker Schwung und Orientierung zu verleihen. Die Enzyklika unterstreicht außerdem immer wieder die Dring-

lichkeit von Reformen[54] und ruft dann auf, angesichts der großen Probleme der Ungerechtigkeit in der Entwicklung der Völker mutig und ohne Zögern zu handeln. Auch die Liebe in der Wahrheit schreibt diese Dringlichkeit vor. Die Liebe Christi ist es, die uns drängt: »caritas Christi urget nos« (2 Kor 5,14). Die Dringlichkeit liegt nicht nur in den Gegebenheiten, sie ergibt sich nicht nur daraus, dass die Ereignisse und Probleme sich überstürzen, sondern auch aus der ausgesetzten Prämie: die Verwirklichung einer echten Brüderlichkeit. Dieses Ziel hat eine solche Bedeutung, dass es unsere Aufgeschlossenheit erfordert, damit wir es zutiefst begreifen und uns konkret und »von Herzen« dafür engagieren, dass die aktuellen wirtschaftlichen und gesellschaftlichen Prozesse zu wahrhaft menschlichen Ergebnissen führen.

Zweites Kapitel
DIE ENTWICKLUNG DES MENSCHEN IN UNSERER ZEIT

21. Papst Paul VI. hatte eine differenzierte Sicht der Entwicklung. Mit dem Begriff »Entwicklung« wollte er das Ziel anzeigen, den Völkern vor allem zu einer Überwindung von Hunger, Elend, endemischen Krankheiten und Analphabetismus zu verhelfen. Das bedeutete vom ökonomischen Gesichtspunkt aus ihre aktive Teilnahme am internationalen Wirtschaftsprozess unter paritätischen Bedingungen; vom sozialen Gesichtspunkt aus ihre Entwicklung zu gebildeten und solidarischen Gesellschaften; vom politischen Gesichtspunkt aus die Konsolidierung demokratischer Regime, die imstande sind, Freiheit und Frieden zu sichern. Während wir nun nach vielen Jahren mit Besorgnis auf die Entwicklungen und auf die Perspektiven der Krisen schauen, die in diesen Zeiten einander folgen, fragen wir uns, wie weit die Erwartungen Papst Pauls VI. von dem in den letzten Jahrzehnten angewendeten Entwicklungsmodell befriedigt worden sind. Wir erkennen so, dass die Befürchtungen der Kirche bezüglich der Fähigkeiten des rein technisch orientierten Menschen, sich realistische Ziele zu setzen und die zur Verfügung stehenden Mittel in angemessener Weise zu handhaben, begründet waren. Der Gewinn ist nützlich, wenn er in seiner Eigenschaft als Mittel einem Zweck zugeordnet ist, welcher der Art und Weise seiner Erlangung ebenso wie der seiner Verwendung einen Sinn verleiht. Die ausschließliche Ausrichtung auf Gewinn läuft, wenn dieser auf ungute Weise erzielt wird und sein Endzweck nicht das Allgemeinwohl ist, Gefahr, Vermögen zu zerstören und Armut zu schaf-

fen. Die von Papst Paul VI. herbeigewünschte wirtschaftliche Entwicklung sollte so geartet sein, dass sie ein reales, auf alle ausdehnbares und konkret nachhaltiges Wachstum hervorruft. Es trifft zu, dass die Entwicklung ein positiver Faktor war und weiterhin ist, der Milliarden von Menschen aus dem Elend befreit und in letzter Zeit vielen Ländern die Möglichkeit gegeben hat, wirksame Partner in der internationalen Politik zu werden. Man muss jedoch zugeben, dass ebendiese wirtschaftliche Entwicklung durch Verzerrungen und dramatische Probleme belastet war und weiterhin ist, die durch die augenblickliche Krisensituation noch mehr in den Vordergrund treten. Diese stellt uns unaufschiebbar vor Entscheidungen, die zunehmend die Bestimmung des Menschen selbst betreffen, der im Übrigen nicht von seiner Natur absehen kann. Die auf dem Plan befindlichen technischen Kräfte, die weltweiten Wechselbeziehungen, die schädlichen Auswirkungen einer schlecht eingesetzten und darüber hinaus spekulativen Finanzaktivität auf die Realwirtschaft, die stattlichen, oft nur ausgelösten und dann nicht angemessen geleiteten Migrationsströme, die unkontrollierte Ausbeutung der Erdressourcen – all das veranlasst uns heute, über die notwendigen Maßnahmen zur Lösung von Problemen nachzudenken, die im Vergleich zu den von Papst Paul VI. unternommenen nicht nur neu sind, sondern auch und vor allem einen entscheidenden Einfluss auf das gegenwärtige und zukünftige Wohl der Menschheit haben. Die Aspekte der Krise und ihrer Lösungen wie auch die einer zukünftigen neuen möglichen Entwicklung sind immer mehr miteinander verbunden, sie bedingen sich gegenseitig, erfordern neue Bemühungen um ein Gesamtverständnis und eine neue humanistische Synthese. Die Kompliziertheit und Schwere der augenblicklichen wirtschaftlichen Krise besorgt uns zu Recht, doch müssen wir mit Realismus, Vertrauen und Hoffnung die neuen Verantwortungen übernehmen, zu denen uns das Szenario einer Welt ruft, die einer tiefgreifenden kulturellen Erneuerung und der Wiederentdeckung von Grundwerten bedarf, auf denen eine bessere Zukunft aufzubauen ist. Die Krise verpflichtet uns, unseren Weg neu zu planen, uns neue Regeln zu geben und neue Einsatzformen zu finden, auf positive Erfahrungen zuzusteuern und die negativen zu verwerfen. So wird die Krise Anlass zu Unterscheidung und neuer Planung. In dieser eher zuversichtlichen als resignierten Grundhaltung müssen die Schwierigkeiten des gegenwärtigen Augenblicks in Angriff genommen werden.

22. Heute ist der Rahmen der Entwicklung polyzentrisch. Die Akteure und die Ursachen sowohl der Unterentwicklung als auch der Entwicklung sind vielgestaltig, Schuld und Verdienste sind voneinander zu unterscheiden. Diese Gegebenheit müsste dazu drängen, sich von den Ideologien zu befreien, die in oft künstlicher Weise die Realität vereinfachen, und dazu veranlassen, objektiv die menschliche Komplexität der Probleme zu überprüfen. Die Demarkationslinie zwischen reichen und armen Ländern ist nicht mehr so deutlich wie zur Zeit der Enzyklika *Populorum progressio*; darauf hatte schon Papst Johannes Paul II. hingewiesen.[55] Absolut gesehen, nimmt der weltweite Reichtum zu, doch die Ungleichheiten vergrößern sich. In den reichen Ländern verarmen neue Gesellschaftsklassen, und es entstehen neue Formen der Armut. In ärmeren Regionen erfreuen sich einige Gruppen einer Art verschwenderischer und konsumorientierter Überentwicklung, die in unannehmbarem Kontrast zu anhaltenden Situationen entmenschlichenden Elends

steht. »Der Skandal schreiender Ungerechtigkeit«[56] hält an. Korruption und Illegalität gibt es leider im Verhalten wirtschaftlicher und politischer Vertreter der alten und neuen reichen Länder ebenso wie in den armen Ländern selbst. Manchmal sind es große transnationale Unternehmen oder auch lokale Produktionsgruppen, welche die Menschenrechte der Arbeiter nicht respektieren. Die internationalen Hilfen sind oft durch Verantwortungslosigkeiten sowohl in der Kette der Geber als auch in der der Nutznießer zweckentfremdet worden. Auch im Bereich der nicht materiellen oder der kulturellen Ursachen der Entwicklung bzw. der Unterentwicklung können wir die gleiche Aufteilung der Verantwortung finden. Es gibt übertriebene Formen des Wissensschutzes seitens der reichen Länder durch eine zu strenge Anwendung des Rechtes auf geistiges Eigentum, speziell im medizinischen Bereich. Zugleich bestehen in einigen armen Ländern kulturelle Leitbilder und gesellschaftliche Verhaltensnormen fort, die den Entwicklungsprozess bremsen.

23. Viele Regionen der Erde haben sich heute, wenn auch auf problematische und nicht homogene Weise, fortentwickelt und sind in den Kreis der großen Mächte eingetreten, die dazu bestimmt sind, in Zukunft wichtige Rollen zu spielen. Es muss jedoch unterstrichen werden, dass ein Fortschritt allein unter wirtschaftlichem und technologischem Gesichtspunkt nicht genügt. Es ist notwendig, dass die Entwicklung vor allem echt und ganzheitlich ist. Das Heraustreten aus dem wirtschaftlichen Entwicklungsrückstand, ein an sich positives Faktum, löst nicht die komplexe Problematik der Förderung des Menschen: weder für die unmittelbar von diesem Fortschritt selbst betroffenen Länder, noch für die wirtschaftlich bereits entwickelten, und auch nicht für die

noch armen Länder, die nicht nur unter den alten Formen der Ausbeutung, sondern auch unter den negativen Konsequenzen eines durch Verzerrungen und Unausgeglichenheiten gekennzeichneten Wachstums leiden können.
Nach dem Zusammenbruch der wirtschaftlichen und politischen Systeme der kommunistischen Länder Osteuropas und dem Ende der sogenannten »gegnerischen Blöcke« wäre ein umfassendes Überdenken der Entwicklung nötig gewesen. Das hatte Papst Johannes Paul II. gefordert, der 1987 die Existenz dieser »Blöcke« als eine der Hauptursachen der Unterentwicklung ausgewiesen hatte,[57] insofern die Politik der Wirtschaft und der Kultur Geldmittel entzog und die Ideologie die Freiheit behinderte. Im Jahr 1991, nach den Ereignissen von 1989, forderte er auch, dass dem Ende der »Blöcke« eine globale Neuplanung der Entwicklung entsprechen müsse, und zwar nicht nur in jenen Ländern, sondern auch im Westen und in jenen Teilen der Welt, die sich im Stadium der Entwicklung befanden.[58] Das ist nur zum Teil geschehen und bleibt weiter eine echte Verpflichtung, der Genüge getan werden muss, indem man vielleicht gerade aus den zur Überwindung der aktuellen wirtschaftlichen Probleme notwendigen Entscheidungen Nutzen zieht.

24. Obwohl man angesichts des schon fortgeschrittenen Prozesses der Sozialisierung von einer weltweit gewordenen sozialen Frage sprechen konnte, war die Welt, die Papst Paul VI. vor sich hatte, noch viel weniger zusammengewachsen als die heutige. Wirtschaftliche Aktivität und politische Tätigkeit spielten sich großenteils im selben räumlichen Bereich ab und konnten sich so aufeinander verlassen. Die produktive Tätigkeit geschah vornehmlich innerhalb der nationalen Grenzen, und die finanziellen Investitionen hatten

eine eher begrenzte Zirkulation im Ausland, so dass die Politik vieler Staaten noch die Prioritäten der Wirtschaft festsetzen und mit den ihr noch zur Verfügung stehenden Mitteln deren Fortgang in gewisser Weise regeln konnte. Aus diesem Grund schrieb *Populorum progressio* der »staatlichen Gewalt«[59] eine zentrale, wenn auch nicht ausschließliche Aufgabe zu.

In unserer Zeit sieht sich der Staat mit der Situation konfrontiert, sich mit den Beschränkungen auseinandersetzen zu müssen, die der neue internationale ökonomisch-kommerzielle und finanzielle Kontext seiner Souveränität in den Weg legt – ein Kontext, der sich auch durch eine zunehmende Mobilität des Finanzkapitals und der materiellen wie nicht materiellen Produktionsmittel auszeichnet. Dieser neue Kontext hat die politische Macht der Staaten verändert.

Heute – auch unter dem Eindruck der Lektion, die uns die augenblickliche Wirtschaftskrise erteilt, in der die staatliche Gewalt unmittelbar damit beschäftigt ist, Irrtümer und Misswirtschaft zu korrigieren – scheint eine neue Wertbestimmung der Rolle und der Macht der Staaten realistischer; beides muss klug neu bedacht und abgeschätzt werden, so dass die Staaten wieder imstande sind – auch durch neue Modalitäten der Ausübung –, sich den Herausforderungen der heutigen Welt zu stellen. Mit einer besser ausgewogenen Rolle der staatlichen Gewalt kann man davon ausgehen, dass sich jene neuen Formen der Teilnahme an der nationalen und internationalen Politik stärken, die sich durch die Tätigkeit der in der Zivilgesellschaft arbeitenden Organisationen verwirklichen. Es ist wünschenswert, dass in dieser Richtung eine tiefer empfundene Aufmerksamkeit und Anteilnahme der Bürger an der Res publica wachse.

25. Vom sozialen Gesichtspunkt aus haben die Schutz- und

Fürsorgeeinrichtungen, die es schon zur Zeit Papst Pauls VI. in vielen Ländern gab, Mühe – und in Zukunft könnte es noch schwieriger werden –, ihre Ziele wirklicher sozialer Gerechtigkeit in einem zutiefst veränderten Kräftespiel zu verfolgen. Der global gewordene Markt hat vor allem bei den reichen Ländern die Suche nach Zonen angetrieben, in die die Produktion zu Niedrigpreisen verlagert werden kann, mit dem Ziel, die Preise vieler Waren zu senken, die Kaufkraft zu steigern und somit die auf vermehrtem Konsum basierenden Wachstumsraten für den eigenen internen Markt zu erhöhen. Folglich hat der Markt neue Formen des Wettstreits unter den Staaten angeregt, die darauf abzielen, mit verschiedenen Mitteln – darunter günstige Steuersätze und die Deregulierung der Arbeitswelt – Produktionszentren ausländischer Unternehmen anzuziehen. Diese Prozesse haben dazu geführt, dass die Suche nach größeren Wettbewerbsvorteilen auf dem Weltmarkt mit einer Reduzierung der Netze der sozialen Sicherheit bezahlt wurde, was die Rechte der Arbeiter, die fundamentalen Menschenrechte und die in den traditionellen Formen des Sozialstaates verwirklichte Solidarität in ernste Gefahr bringt. Die Systeme der sozialen Sicherheit können die Fähigkeit verlieren, ihre Aufgabe zu erfüllen, und zwar nicht nur in den armen Ländern, sondern auch in den Schwellenländern und in den seit langem entwickelten Ländern. Hier kann die Haushaltspolitik mit Streichungen in den Sozialausgaben, die häufig auch von den internationalen Finanzinstituten angeregt werden, die Bürger machtlos neuen und alten Gefahren aussetzen; diese Machtlosigkeit wird durch das Fehlen eines wirksamen Schutzes durch die Arbeitnehmervereinigungen noch erhöht. Die Gesamtheit der gesellschaftlichen und wirtschaftlichen Veränderungen bewirkt, dass die Gewerkschaftsorganisatio-

nen bei der Ausübung ihrer Aufgabe, die Interessen der Arbeitnehmer zu vertreten, auf größere Schwierigkeiten stoßen, auch weil die Regierungen aus Gründen des wirtschaftlichen Nutzens oft die gewerkschaftlichen Freiheiten oder die Verhandlungsmöglichkeiten der Gewerkschaften selbst einschränken. So haben die traditionellen Netze der Solidarität wachsende Hindernisse zu überwinden. Der Vorschlag seitens der Soziallehre der Kirche – angefangen von der Enzyklika *Rerum novarum*[60] –, Arbeitnehmervereinigungen zur Verteidigung der eigenen Rechte ins Leben zu rufen, sollte darum heute noch mehr nachgekommen werden als früher, indem man vor allem eine sofortige und weitblickende Antwort auf die Dringlichkeit gibt, neue Formen des Zusammenwirkens nicht nur auf lokaler, sondern auch auf internationaler Ebene einzuführen.
Die Arbeitsmobilität ist in Verbindung mit der verbreiteten Deregulierung ein wichtiges Phänomen nicht ohne positive Aspekte gewesen, denn sie ist imstande, die Produktion von neuem Vermögen und den Austausch zwischen verschiedenen Kulturen anzuregen. Wenn jedoch die Unsicherheit bezüglich der Arbeitsbedingungen infolge von Prozessen der Mobilität und der Deregulierung um sich greift, bilden sich Formen psychologischer Instabilität aus, Schwierigkeiten, eigene konsequente Lebensplanungen zu entwickeln, auch im Hinblick auf die Ehe. In der Folge ergeben sich Situationen nicht nur sozialer Kräftevergeudung, sondern auch menschlichen Niedergangs. Vergleicht man dies mit dem, was in der Industriegesellschaft der Vergangenheit geschah, so provoziert die Arbeitslosigkeit heute neue Aspekte wirtschaftlicher Bedeutungslosigkeit, und die augenblickliche Krise kann die Situation nur noch verschlechtern. Der langzeitige Ausschluss von der Arbeit oder die längere

Abhängigkeit von öffentlicher oder privater Hilfe untergraben die Freiheit und die Kreativität der Person sowie ihre familiären und gesellschaftlichen Beziehungen, was schwere Leiden auf psychologischer und spiritueller Ebene mit sich bringt. Allen, besonders den Regierenden, die damit beschäftigt sind, den Wirtschafts- und Gesellschaftsordnungen der Welt ein erneuertes Profil zu geben, möchte ich in Erinnerung rufen, dass das erste zu schützende und zu nutzende Kapital der Mensch ist, die Person in ihrer Ganzheit – »ist doch der Mensch Urheber, Mittelpunkt und Ziel aller Wirtschaft«.[61]

26. Auf kultureller Ebene ist der Unterschied im Vergleich zur Zeit Papst Paul VI. noch markanter. Damals waren die Kulturen ziemlich gut umschrieben und hatten größere Chancen, sich vor Versuchen kultureller Homogenisierung zu schützen. Heute haben die Möglichkeiten der Wechselwirkung zwischen den Kulturen beträchtlich zugenommen und geben Raum für neue Perspektiven des interkulturellen Dialogs – eines Dialogs, der, um wirkungsvoll zu sein, von den verschiedenen Gesprächspartnern als Ausgangspunkt das tiefe Bewusstsein ihrer spezifischen Identität verlangt. Man darf dabei allerdings nicht außer Acht lassen, dass die zunehmende Kommerzialisierung des Kulturaustauschs heute eine zweifache Gefahr begünstigt. An erster Stelle ist ein häufig unkritisch angenommener kultureller Eklektizismus zu beobachten: Die Kulturen werden einfach nebeneinander gestellt und als im Wesentlichen gleichwertig und untereinander austauschbar betrachtet. Das fördert das Abgleiten in einen Relativismus, der dem wahren interkulturellen Dialog wenig hilfreich ist; auf gesellschaftlicher Ebene bewirkt der kulturelle Relativismus ein getrenntes Neben-

einanderher-Leben der Kulturgruppen ohne echten Dialog und folglich ohne wirkliche Integration. An zweiter Stelle existiert die entgegengesetzte Gefahr, die in der kulturellen Verflachung und der Vereinheitlichung der Verhaltensweisen und der Lebensstile besteht. Auf diese Weise geht die tiefe Bedeutung der Kultur der verschiedenen Nationen und der Traditionen der verschiedenen Völker verloren, in denen der Mensch sich mit den Grundfragen der Existenz auseinandersetzt.[62] Eklektizismus und kulturelle Nivellierung laufen auf die Trennung der Kultur von der menschlichen Natur hinaus. So können die Kulturen ihr Maß nicht mehr in einer Natur finden, die über sie hinausgeht,[63] und reduzieren den Menschen schließlich auf ein bloßes kulturelles Phänomen. Wenn das geschieht, gerät die Menschheit in neue Gefahren der Hörigkeit und der Manipulation.

27. In vielen armen Ländern hält als Folge der Nahrungsmittelknappheit die extreme Unsicherheit des Lebens an und läuft Gefahr, sich noch zu verschärfen: Der Hunger rafft noch zahllose Opfer unter den vielen Menschen gleich dem »Lazarus« hinweg, denen es nicht gestattet ist, mit dem Reichen an derselben Tafel zu sitzen – wie Papst Paul VI. es gewünscht hatte.[64] Den Hungrigen zu essen geben (vgl. Mt 25, 35.37.42) ist ein ethischer Imperativ für die Weltkirche, die den Lehren ihres Gründers Jesus Christus über Solidarität und Teilen entspricht. Den Hunger in der Welt zu beseitigen, ist darüber hinaus in der Ära der Globalisierung auch ein Ziel geworden, das notwendigerweise verfolgt werden muss, um den Frieden und die Stabilität auf der Erde zu bewahren. Der Hunger hängt weniger von einem materiellen Mangel ab, als vielmehr von einem Mangel an gesellschaftlichen Ressourcen, deren wichtigste institutioneller Natur ist. Das heißt, es

fehlt eine Ordnung wirtschaftlicher Institutionen, die in der Lage sind, sowohl einen der richtigen Ernährung angemessenen regulären Zugang zu Wasser und Nahrungsmitteln zu garantieren, als auch die Engpässe zu bewältigen, die mit den Grundbedürfnissen und dem Notstand im Fall echter Nahrungsmittelkrisen verbunden sind – Krisen, die natürliche Ursachen haben können oder auch durch nationale und internationale politische Verantwortungslosigkeit hervorgerufen werden. Das Problem der Unsicherheit auf dem Gebiet der Ernährung muss in einer langfristigen Perspektive in Angriff genommen werden, indem man die strukturellen Ursachen, die sie hervorrufen, beseitigt und die landwirtschaftliche Entwicklung der ärmsten Länder fördert. Dies kann geschehen durch Investitionen in die ländliche Infrastruktur, in Bewässerungssysteme, in Transportwesen, in die Organisation von Märkten, in die Bildung und Verbreitung von geeigneten landwirtschaftlichen Techniken – also durch Investitionen, die geeignet sind, die menschlichen, natürlichen und sozioökonomischen Ressourcen, die auf lokaler Ebene am zugänglichsten sind, bestmöglich zu nutzen, so dass die Nachhaltigkeit dieser Investitionen auch langfristig gewährleistet ist. All das muss verwirklicht werden, indem man die lokalen Gemeinschaften in die Auswahl des Ackerlandes und die Entscheidungen bezüglich seiner Nutzung mit einbezieht. Aus dieser Sicht könnte es sich als hilfreich erweisen, die neuen Horizonte zu betrachten, die sich durch einen richtigen Einsatz der traditionellen wie auch der innovativen landwirtschaftlichen Produktionstechniken auftun, vorausgesetzt, dass letztere nach angemessener Prüfung als zweckmäßig, umweltfreundlich und für die am meisten benachteiligten Bevölkerungsgruppen als zuträglich erkannt wurden. Gleichzeitig sollte die Frage einer gerechten Agrarreform in den Entwicklungsländern nicht vernachlässigt werden. Das Recht auf Ernährung sowie das auf Wasser spielen eine wichtige Rolle für die Erlangung anderer Rechte, angefangen vor allem mit dem Grundrecht auf Leben. Darum ist es notwendig, dass ein solidarisches Bewusstsein reift, welches die Ernährung und den Zugang zum Wasser als allgemeine Rechte aller Menschen betrachtet, ohne Unterscheidungen und Diskriminierungen.[65] Außerdem ist es wichtig zu verdeutlichen, wie der Weg der Solidarisierung mit den armen Ländern ein Projekt zur Lösung der augenblicklichen weltweiten Krise darstellen kann; Politiker und Verantwortliche internationaler Institutionen haben das in letzter Zeit erfasst. Indem man durch solidarisch ausgerichtete Finanzierungspläne die armen Länder wirtschaftlich unterstützt, damit sie selber dafür sorgen, die Nachfrage ihrer Bürger nach Konsumgütern und Entwicklung zu befriedigen, kann man nicht nur ein echtes Wirtschaftswachstum erzielen, sondern auch dazu beitragen, die Produktionskapazitäten der reichen Länder zu erhalten, die Gefahr laufen, durch die Krise in Mitleidenschaft gezogen zu werden.

28. Einer der augenscheinlichsten Aspekte der heutigen Entwicklung ist die Wichtigkeit des Themas der Achtung vor dem Leben, das in keiner Weise von den Fragen bezüglich der Entwicklung der Völker getrennt werden kann. Es handelt sich um einen Aspekt, der in letzter Zeit eine immer größere Bedeutung gewinnt und uns verpflichtet, die Begriffe von Armut[66] und Unterentwicklung auf die Fragen auszudehnen, die mit der Annahme des Lebens verbunden sind, vor allem dort, wo dieses in verschiedener Weise behindert wird.
Nicht nur die Situation der Armut verursacht noch in vielen Regionen hohe Quoten der Kindersterblichkeit, sondern in

verschiedenen Teilen der Welt gibt es weiterhin Praktiken der Bevölkerungskontrolle durch die Regierungen, die oft die Empfängnisverhütung verbreiten und sogar so weit gehen, die Abtreibung anzuordnen. In den wirtschaftlich mehr entwickelten Ländern sind die lebensfeindlichen Gesetzgebungen sehr verbreitet und haben bereits die Gewohnheit und die Praxis entscheidend beeinflusst; sie tragen dazu bei, eine geburtenfeindliche Mentalität zu lancieren, die man häufig auch auf andere Staaten zu übertragen sucht, als stelle sie einen kulturellen Fortschritt dar.
Einige Nichtregierungsorganisationen arbeiten aktiv für die Verbreitung der Abtreibung und fördern manchmal in den armen Ländern die Entscheidung für die Praxis der Sterilisierung, auch bei Frauen, die sich der Bedeutung des Eingriffs nicht bewusst sind. Außerdem besteht der begründete Verdacht, dass gelegentlich die Entwicklungshilfe selbst an bestimmte Formen der Gesundheitspolitik geknüpft wird, die de facto die Auferlegung starker Geburtenkontrollen einschließen. Besorgniserregend sind ferner Gesetzgebungen, welche die Euthanasie vorsehen, und ebenso beunruhigend auch der Druck von nationalen und internationalen Gruppen, die deren rechtliche Anerkennung fordern.
Die Offenheit für das Leben steht im Zentrum der wahren Entwicklung. Wenn eine Gesellschaft den Weg der Lebensverweigerung oder -unterdrückung einschlägt, wird sie schließlich nicht mehr die nötigen Motivationen und Energien finden, um sich für das wahre Wohl des Menschen einzusetzen. Wenn der persönliche und gesellschaftliche Sinn für die Annahme eines neuen Lebens verlorengeht, verdorren auch andere, für das gesellschaftliche Leben hilfreiche Formen der Annahme.[67] Die Annahme des Lebens stärkt die moralischen Kräfte und befähigt zu gegenseitiger Hilfe.

Wenn die reichen Völker die Offenheit für das Leben pflegen, können sie die Bedürfnisse der armen Völker besser verstehen, die Verwendung ungeheurer wirtschaftlicher und intellektueller Ressourcen zur Befriedigung egoistischer Wünsche bei den eigenen Bürgern vermeiden und statt dessen gute Aktionen im Hinblick auf eine moralisch gesunde und solidarische Produktion fördern, in der Achtung des Grundrechtes jedes Volkes und jedes Menschen auf das Leben.

29. Es gibt noch einen anderen Aspekt des heutigen Lebens, der mit der Entwicklung sehr eng verbunden ist: die Verweigerung des Rechtes auf Religionsfreiheit. Ich beziehe mich nicht nur auf die Kämpfe und Konflikte, die in der Welt noch aus religiösen Gründen ausgefochten werden, auch wenn das Religiöse manchmal nur der Deckmantel für andersartige Gründe ist wie die Gier nach Herrschaft und Reichtum. Tatsächlich wird heute oft im heiligen Namen Gottes getötet, wie mein Vorgänger Papst Johannes Paul II. und ich selbst wiederholt öffentlich betont und missbilligt haben.[68] Gewalt aller Art bremst die authentische Entwicklung und behindert den Übergang der Völker zu größerem sozioökonomischen und geistigen Wohlbefinden. Das gilt speziell für den Terrorismus mit fundamentalistischem Hintergrund,[69] der Leid, Verwüstung und Tod verursacht, den Dialog zwischen den Nationen blockiert und große Geldmittel von ihrem friedlichen und zivilen Einsatz abzieht. Es muss jedoch hinzugefügt werden, dass außer dem religiösen Fanatismus, der in einigen Bereichen die Ausübung des Rechtes auf Religionsfreiheit verhindert, auch die planmäßige Förderung der religiösen Indifferenz oder des praktischen Atheismus durch viele Länder den Bedürfnissen der Entwicklung der Völker widerspricht, indem

sie ihnen spirituelle und humane Reichtümer entzieht. Gott ist der Garant der wahren Entwicklung des Menschen, denn da er ihn nach seinem Bild geschaffen hat, begründet er auch seine transzendente Würde und nährt sein Grundverlangen, »mehr zu sein«. Der Mensch ist nicht etwa ein verlorenes Atom in einem Zufalls-Universum,[70] sondern ein Geschöpf Gottes, das von ihm eine unsterbliche Seele empfangen hat und von Ewigkeit her geliebt worden ist. Wenn der Mensch nur das Ergebnis des Zufalls bzw. der Notwendigkeit wäre oder wenn er seine Bestrebungen auf den begrenzten Horizont der Situationen reduzieren müsste, in denen er lebt, wenn alles allein Geschichte und Kultur wäre und der Mensch nicht eine Natur besäße, die dazu bestimmt ist, sich in einem übernatürlichen Leben selbst zu überschreiten, könnte man von Wachstum oder Evolution sprechen, aber nicht von Entwicklung. Wenn der Staat Formen eines praktischen Atheismus fördert, lehrt oder sogar durchsetzt, entzieht er seinen Bürgern die moralische und geistige Kraft, die für den Einsatz in der ganzheitlichen menschlichen Entwicklung unentbehrlich ist, und hindert sie, mit neuer Lebendigkeit im eigenen Engagement für eine großherzigere menschliche Antwort auf die göttliche Liebe voranzuschreiten.[71] Es kommt auch vor, dass die wirtschaftlich entwickelten Länder oder die Schwellenländer im Rahmen ihrer kulturellen, kommerziellen und politischen Beziehungen diese herabwürdigende Sicht des Menschen und seiner Bestimmung in die armen Länder exportieren. Das ist der Schaden, den die »Überentwicklung«[72] der echten Entwicklung zufügt, wenn sie von der »moralischen Unterentwicklung«[73] begleitet ist.

30. In dieser Richtung bekommt das Thema der ganzheitlichen Entwicklung des Menschen eine noch umfassendere

Tragweite: Die Wechselbeziehung zwischen ihren vielfältigen Elementen erfordert, dass man sich darum bemüht, die verschiedenen Ebenen des menschlichen Wissens im Hinblick auf die Förderung einer wahren Entwicklung der Völker interagieren zu lassen. Oft wird die Meinung vertreten, die Entwicklung bzw. die entsprechenden sozioökonomischen Maßnahmen verlangten nur ihre Realisierung als Frucht eines gemeinsamen Handelns. Dieses gemeinsame Handeln muss aber orientiert werden, denn »alles soziale Handeln setzt eine Lehre voraus«.[74] Angesichts der Komplexität der Probleme ist es klar, dass die verschiedenen Disziplinen mittels einer geordneten Interdisziplinarität zusammenarbeiten müssen. Die Liebe schließt das Wissen nicht aus, ja, sie verlangt, fördert und belebt es von innen her. Das Wissen ist niemals allein das Werk der Intelligenz. Es kann zwar auf ein Kalkül oder Experiment reduziert werden, wenn es aber Weisheit sein will, die imstande ist, den Menschen im Licht der Grundprinzipien und seiner letzten Ziele zu orientieren, dann muss sie mit dem »Salz« der Liebe »gewürzt« sein. Das Tun ist blind ohne das Wissen, und das Wissen ist steril ohne die Liebe. Denn »der wahre Liebende [ist] erfinderisch im Entdecken von Ursachen des Elends, im Finden der Mittel, es zu überwinden und zu beseitigen«.[75] Gegenüber den vor uns liegenden Phänomenen verlangt die Liebe in der Wahrheit vor allem ein Erkennen und ein Verstehen im Bewusstsein und in der Achtung der spezifischen Kompetenz jeder Ebene des Wissens. Die Liebe ist keine nachträgliche Hinzufügung, gleichsam ein Anhängsel an die von den verschiedenen Disziplinen bereits getane Arbeit, sondern sie steht mit diesen von Anfang an im Dialog. Die Ansprüche der Liebe stehen zu denen der Vernunft nicht im Widerspruch. Das menschliche Wissen ist ungenügend, und die Schlussfolgerungen der Wissenschaften können allein den Weg zur ganzheitlichen Entwicklung des Menschen nicht weisen. Es ist immer nötig, darüber hinaus weiter vorzustoßen – das verlangt die Liebe in der Wahrheit.[76] Darüber hinaus zu gehen bedeutet jedoch niemals, von den Schlüssen der Vernunft abzusehen, noch ihren Ergebnissen zu widersprechen. Intelligenz und Liebe stehen nicht einfach nebeneinander: Es gibt die an Intelligenz reiche Liebe und die von Liebe erfüllte Intelligenz.

31. Das bedeutet, dass die moralischen Bewertungen und die wissenschaftliche Forschung gemeinsam wachsen müssen und dass die Liebe sie in einer harmonischen interdisziplinären Ganzheit, die aus Einheit und Unterschiedenheit besteht, beseelen muss. Die Soziallehre der Kirche, die »eine wichtige interdisziplinäre Dimension«[77] hat, kann aus dieser Perspektive eine Funktion von außerordentlicher Wirksamkeit erfüllen. Sie gestattet dem Glauben, der Theologie, der Metaphysik und den Wissenschaften, ihren Platz innerhalb einer Zusammenarbeit im Dienst des Menschen zu finden. Vor allem hier realisiert die Soziallehre der Kirche ihre auf der Weisheit beruhende Dimension. Papst Paul VI. hatte deutlich gesehen, wie die Unterentwicklung unter anderem auch dadurch verursacht wird, dass es an Weisheit, an Reflexion, an einem Denken fehlt, das imstande ist, eine richtungweisende Synthese aufzustellen;[78] für sie bedarf es »einer klaren Konzeption auf wirtschaftlichem, sozialem, kulturellem und geistigem Gebiet«.[79] Die übertriebene Aufteilung des Wissens in Fachbereiche,[80] das Sich-Verschließen der Humanwissenschaften gegenüber der Metaphysik,[81] die Schwierigkeiten im Dialog der Wissenschaften mit der Theologie schaden nicht nur der Entwicklung des Wissens,

sondern auch der Entwicklung der Völker, denn in diesen Fällen wird der Blick auf das ganze Wohl des Menschen in den verschiedenen Dimensionen, die es charakterisieren, verstellt. Die »Ausweitung unseres Vernunftbegriffs und -gebrauchs«[82] ist unerlässlich, um alle Elemente der Frage nach der Entwicklung und der Lösung der sozioökonomischen Probleme angemessen abwägen zu können.

32. Die großen Neuheiten, die das Gesamtbild der Entwicklung der Völker heute aufweist, machen in vielen Fällen neue Lösungen erforderlich. Sie müssen unter Beachtung der Eigengesetze jeder Realität und zugleich im Licht einer ganzheitlichen Sicht des Menschen gesucht werden – einer Sicht, welche die verschiedenen Aspekte des Menschen widerspiegelt, wie sie sich dem von der Liebe geläuterten Blick darstellen. Dann wird man einzigartige Übereinstimmungen und konkrete Lösungsmöglichkeiten entdecken, ohne auf irgendeinen fundamentalen Bestandteil des menschlichen Lebens zu verzichten.
Die Würde der Person und die Erfordernisse der Gerechtigkeit verlangen, dass – vor allem heute – die wirtschaftlichen Entscheidungen die Unterschiede im Besitztum nicht in übertriebener und moralisch unhaltbarer Weise vergrößern[83] und dass als Priorität weiterhin das Ziel verfolgt wird, allen Zugang zur Arbeit zu verschaffen und für den Erhalt ihrer Arbeitsmöglichkeit zu sorgen. Recht besehen erfordert das auch die »wirtschaftliche Vernunft«. Die systembedingte Zunahme der Ungleichheit unter Gesellschaftsgruppen innerhalb eines Landes und unter den Bevölkerungen verschiedener Länder bzw. das massive Anwachsen der relativen Armut neigt nicht nur dazu, den gesellschaftlichen Zusammenhalt zu untergraben, und bringt auf diese Weise

die Demokratie in Gefahr. Auch auf wirtschaftlicher Ebene wirkt sie sich negativ aus: durch fortschreitende Abtragung des »Gesellschaftskapitals«, bzw. durch Untergrabung jener Gesamtheit von Beziehungen, die auf Vertrauen, Zuverlässigkeit und Einhaltung der Regeln gründen und die unverzichtbar sind für jedes bürgerliche Zusammenleben.
Zudem sagt uns die Wirtschaftswissenschaft, dass eine strukturelle Situation der Unsicherheit Verhaltensweisen erzeugt, welche die Produktion hemmen und menschliche Ressourcen verschwenden, insofern der Arbeitnehmer dazu neigt, sich passiv den automatischen Mechanismen zu fügen, anstatt Kreativität zu entwickeln. Auch in diesem Punkt gibt es eine Übereinstimmung zwischen Wirtschaftswissenschaft und moralischer Bewertung. Der menschliche Preis ist immer auch ein wirtschaftlicher Preis, und die wirtschaftlichen Missstände fordern immer auch einen menschlichen Preis.
Ferner muss daran erinnert werden, dass die Reduzierung der Kulturen auf die technologische Dimension, selbst wenn sie kurzfristig die Erlangung eines Gewinns fördern mag, auf lange Sicht die gegenseitige Bereicherung und die Dynamiken der Zusammenarbeit behindert. Es ist wichtig, zwischen kurzfristigen und langfristigen wirtschaftlichen oder soziologischen Überlegungen zu unterscheiden. Die Senkung des Rechtsschutzniveaus für die Arbeiter oder der Verzicht auf Mechanismen der Umverteilung des Gewinns, damit das Land eine größere internationale Wettbewerbsfähigkeit erlangt, verhindern, dass sich eine langfristige Entwicklung durchsetzen kann. So sollten die Konsequenzen, welche die aktuellen Tendenzen zu einer kurzfristig, bisweilen extrem kurzfristig angelegten Wirtschaft für die Menschen haben, aufmerksam abgewogen werden. Das verlangt »eine neue

und vertiefte Reflexion über den Sinn der Wirtschaft und ihrer Ziele«[84] sowie eine tiefgreifende und weitblickende Revision des Entwicklungsmodells, um seine Missstände und Verzerrungen zu korrigieren. Tatsächlich ist dies ein Erfordernis der ökologischen Gesundheit des Planeten; und vor allem ist es eine Notwendigkeit, die sich aus der kulturellen und moralischen Krise des Menschen ergibt, deren Symptome seit langem in allen Teilen der Welt sichtbar sind.

33. Über vierzig Jahre nach der Enzyklika *Populorum progressio* ist ihr Grundthema, eben der Fortschritt, nach wie vor ein noch offenes Problem, das sich durch die augenblickliche Wirtschafts- und Finanzkrise verschärft hat und noch dringender geworden ist. Wenn einige Regionen der Erde, die einst durch die Armut belastet waren, bemerkenswerte Änderungen im Sinn eines wirtschaftlichen Wachstums und einer Beteiligung an der Weltproduktion erfahren haben, so leben andere Zonen noch in einer Situation des Elends, die jener zur Zeit Papst Pauls VI. vergleichbar ist, ja, in einigen Fällen kann man sogar von einer Verschlechterung sprechen. Es ist bezeichnend, dass einige Ursachen dieser Situation bereits in *Populorum progressio* ausgemacht worden waren, wie zum Beispiel die von den wirtschaftlich entwickelten Ländern festgesetzten hohen Grenzzölle, welche die Produkte aus den armen Ländern immer noch daran hindern, auf die Märkte der reichen Länder zu gelangen. Andere Ursachen hingegen, welche die Enzyklika nur angedeutet hatte, sind in der Folge deutlicher hervorgetreten. Das trifft auf die Bewertung des Entkolonisierungsprozesses zu, der damals in vollem Gange war. Papst Paul VI. wünschte sich einen autonomen Verlauf, der sich in Freiheit und Frieden

vollziehen sollte. Nach über vierzig Jahren müssen wir eingestehen, wie schwierig dieser Verlauf gewesen ist, sei es aufgrund neuer Formen von Kolonialismus und Abhängigkeit von alten und neuen Hegemonialländern, sei es durch schwerwiegende Verantwortungslosigkeiten innerhalb der Länder selbst, die sich unabhängig gemacht haben.
Die hauptsächliche Neuheit war die Explosion der weltweiten wechselseitigen Abhängigkeit, die inzwischen unter der Bezeichnung »Globalisierung« allgemein bekannt ist. Papst Paul VI. hatte sie teilweise vorausgesehen, doch das Ausmaß und die Heftigkeit, mit der sie sich entwickelt hat, sind erstaunlich. In den wirtschaftlich entwickelten Ländern entstanden, hat dieser Prozess seiner Natur entsprechend eine Einbeziehung sämtlicher Ökonomien verursacht. Er war der Hauptantrieb für das Heraustreten ganzer Regionen aus der Unterentwicklung und stellt an sich eine große Chance dar. Ohne die Führung der Liebe in der Wahrheit kann dieser weltweite Impuls allerdings dazu beitragen, die Gefahr bisher ungekannter Schäden und neuer Spaltungen in der Menschheitsfamilie heraufzubeschwören. Darum stellen uns die Liebe und die Wahrheit vor einen ganz neuen und kreativen Einsatz, der freilich sehr umfangreich und komplex ist. Es geht darum, die Vernunft auszuweiten und sie fähig zu machen, diese eindrucksvollen neuen Dynamiken zu erkennen und auszurichten, indem man sie im Sinn jener »Kultur der Liebe« beseelt, deren Samen Gott in jedes Volk und in jede Kultur gelegt hat.

Drittes Kapitel
BRÜDERLICHKEIT, WIRTSCHAFTLICHE ENTWICKLUNG UND ZIVILGESELLSCHAFT

34. Die Liebe in der Wahrheit stellt den Menschen vor die staunenswerte Erfahrung des Geschenks. Die Unentgeltlichkeit ist in seinem Leben in vielerlei Formen gegenwärtig, die aufgrund einer nur produktivistischen und utilitaristischen Sicht des Daseins jedoch oft nicht erkannt werden. Der Mensch ist für das Geschenk geschaffen, das seine transzendente Dimension ausdrückt und umsetzt. Manchmal ist der moderne Mensch fälschlicherweise der Überzeugung, der einzige Urheber seiner selbst, seines Lebens und der Gesellschaft zu sein. Diese Überheblichkeit ist eine Folge des egoistischen Sich-in-sich-selbst-Verschließens und rührt – in Begriffen des Glaubens gesprochen – von der Ursünde her. Die Weisheit der Kirche hat stets vorgeschlagen, die Erbsünde auch bei der Interpretation der sozialen Gegebenheiten und beim Aufbau der Gesellschaft zu beachten: »Zu übersehen, dass der Mensch eine verwundete, zum Bösen geneigte Natur hat, führt zu schlimmen Irrtümern im Bereich der Erziehung, der Politik, des gesellschaftlichen Handelns und der Sittlichkeit«.[85] Zur Aufzählung der Bereiche, in denen sich die schädlichen Auswirkungen der Sünde zeigen, gehört nun schon seit langer Zeit auch jener der Wirtschaft. Auch unsere Zeit liefert uns dafür einen offensichtlichen Beleg. Die Überzeugung, sich selbst zu genügen und in der Lage zu sein, das in der Geschichte gegenwärtige Übel allein durch das eigene Handeln überwinden zu können, hat den Menschen dazu verleitet, das Glück und das Heil in immanenten Formen des materiellen Wohlstands und des sozialen Engagements zu

sehen. Weiter hat die Überzeugung, dass die Wirtschaft Autonomie erfordert und keine moralische »Beeinflussung« zulassen darf, den Menschen dazu gedrängt, das Werkzeug der Wirtschaft sogar auf zerstörerische Weise zu missbrauchen. Langfristig haben diese Überzeugungen zu wirtschaftlichen, gesellschaftlichen und politischen Systemen geführt, die die Freiheit der Person und der gesellschaftlichen Gruppen unterdrückt haben und genau aus diesem Grund nicht in der Lage waren, für die Gerechtigkeit zu sorgen, die sie versprochen hatten. Wie ich schon in meiner Enzyklika *Spe salvi* geschrieben habe, entfernt man auf diese Weise die christliche Hoffnung aus der Geschichte,[86] die jedoch ein kraftvolles Potential im Dienste der umfassenden Entwicklung des Menschen darstellt, die in der Freiheit und in der Gerechtigkeit gesucht wird. Die Hoffnung ermutigt die Vernunft und gibt ihr die Kraft, den Willen zu lenken.[87] Sie ist bereits im Glauben gegenwärtig, von dem sie geradezu geweckt wird. Die Liebe in der Wahrheit nährt sich aus ihr und macht sie zugleich sichtbar. Da die Hoffnung ein völlig unentgeltliches Geschenk Gottes ist, tritt sie als etwas Ungeschuldetes in unser Leben herein, das über jedes Gesetz der Gerechtigkeit hinausgeht. Das Geschenk übertrifft seinem Wesen nach den Verdienst, sein Gesetz ist das Übermaß. Es kommt uns in unserer Seele zuvor als Zeichen der Gegenwart Gottes in uns und seiner Erwartung an uns. Die Wahrheit, die wie die Liebe ein Geschenk ist, ist, so lehrt der heilige Augustinus, größer als wir.[88] Auch die Wahrheit über uns selbst, über unsere eigene Erkenntnis, ist uns zuallererst »geschenkt«. Denn in jedem Erkenntnisvorgang wird die Wahrheit nicht von uns erzeugt, sondern immer gefunden, oder besser, empfangen. Die Wahrheit kommt wie die Liebe »nicht aus Denken und Wollen, sondern übermächtigt gleichsam den Menschen«.[89]

Da die Liebe in der Wahrheit eine Gabe ist, die alle empfangen, stellt sie eine Kraft dar, die Gemeinschaft stiftet, die die Menschen auf eine Weise vereint, die keine Barrieren und Grenzen kennt. Die Gemeinschaft der Menschen kann von uns selbst gestiftet werden, aber sie wird allein aus eigener Kraft nie eine vollkommen brüderliche Gemeinschaft sein und jede Abgrenzung überwinden, das heißt, eine wirklich universale Gemeinschaft werden: die Einheit des Menschengeschlechts, eine brüderliche Gemeinschaft jenseits jedweder Teilung, wird aus dem zusammenrufenden Wort Gottes, der die Liebe ist, geboren. Bei der Behandlung dieser entscheidenden Frage müssen wir einerseits präzisieren, dass die Logik des Geschenks die Gerechtigkeit nicht ausschließt oder ihr in einem zweiten Moment und von außen hinzugefügt wird, und andererseits, dass eine wirtschaftliche, gesellschaftliche und politische Entwicklung, die wahrhaft menschlich sein will, dem Prinzip der Unentgeltlichkeit als Ausdruck der Brüderlichkeit Raum geben muss.

35. Der Markt ist, wenn gegenseitiges und allgemeines Vertrauen herrscht, die wirtschaftliche Institution, die die Begegnung zwischen den Menschen ermöglicht, welche als Wirtschaftstreibende ihre Beziehungen durch einen Vertrag regeln und die gegeneinander aufrechenbaren Güter und Dienstleistungen austauschen, um ihre Bedürfnisse und Wünsche zu befriedigen. Der Markt unterliegt den Prinzipien der sogenannten ausgleichenden Gerechtigkeit, die die Beziehungen des Gebens und Empfangens zwischen gleichwertigen Subjekten regelt. Aber die Soziallehre der Kirche hat stets die Wichtigkeit der distributiven Gerechtigkeit und der sozialen Gerechtigkeit für die Marktwirtschaft selbst betont, nicht nur weil diese in das Netz eines größeren sozia-

len und politischen Umfelds eingebunden ist, sondern auch aufgrund des Beziehungsgeflechts, in dem sie abläuft. Denn wenn der Markt nur dem Prinzip der Gleichwertigkeit der getauschten Güter überlassen wird, ist er nicht in der Lage, für den sozialen Zusammenhalt zu sorgen, den er jedoch braucht, um gut zu funktionieren. Ohne solidarische und von gegenseitigem Vertrauen geprägte Handlungsweisen in seinem Inneren kann der Markt die ihm eigene wirtschaftliche Funktion nicht vollkommen erfüllen. Heute ist dieses Vertrauen verloren gegangen, und der Vertrauensverlust ist ein schwerer Verlust.

Papst Paul VI. hat in der Enzyklika *Populorum progressio* richtigerweise die Tatsache unterstrichen, dass allgemein verbreitete gerechte Handlungsweisen für das Wirtschaftssystem selbst einen Vorteil darstellen, da die reichen Länder die ersten Nutznießer des wirtschaftlichen Aufschwungs der armen Länder sind.[90] Dabei handelte es sich nicht nur darum, Fehlfunktionen durch Hilfsleistungen zu korrigieren. Die Armen dürfen nicht als eine »Last«[91] angesehen werden, sondern als eine Ressource, auch unter streng wirtschaftlichem Gesichtspunkt. Es muss jedoch die Sichtweise jener als unrichtig verworfen werden, nach denen die Marktwirtschaft strukturell auf eine Quote von Armut und Unterentwicklung angewiesen sei, um bestmöglich funktionieren zu können. Es ist im Interesse des Marktes, Emanzipierung zu fördern, aber um dies zu erreichen, darf er sich nicht nur auf sich selbst verlassen, denn er ist nicht in der Lage, von sich aus das zu erreichen, was seine Möglichkeiten übersteigt. Er muss vielmehr auf die moralischen Kräfte anderer Subjekte zurückgreifen, die diese hervorbringen können.

36. Das Wirtschaftsleben kann nicht alle gesellschaftlichen Probleme durch die schlichte Ausbreitung des Geschäftsdenkens überwinden. Es soll auf das Erlangen des Gemeinwohls ausgerichtet werden, für das auch und vor allem die politische Gemeinschaft sorgen muss. Es darf daher nicht vergessen werden, dass die Trennung zwischen der Wirtschaftstätigkeit, der die Aufgabe der Schaffung des Reichtums zukäme, und der Politik, die sich mittels Umverteilung um die Gerechtigkeit zu kümmern habe, schwere Störungen verursacht.
Die Kirche vertritt seit jeher, dass die Wirtschaftstätigkeit nicht als antisozial angesehen werden darf. Der Markt ist an sich nicht ein Ort der Unterdrückung des Armen durch den Reichen und darf daher auch nicht dazu werden. Die Gesellschaft muss sich nicht vor dem Markt schützen, als ob seine Entwicklung ipso facto zur Zerstörung wahrhaft menschlicher Beziehungen führen würde. Es ist sicher richtig, dass der Markt eine negative Ausrichtung haben kann, nicht weil dies seinem Wesen entspräche, sondern weil eine gewisse Ideologie ihm diese Ausrichtung geben kann. Es darf nicht vergessen werden, dass es den Markt nicht in einer Reinform gibt. Er erhält seine Gestalt durch die kulturellen Gegebenheiten, die ihm eine konkrete Prägung und Orientierung geben. Die Wirtschaft und das Finanzwesen können, insofern sie Mittel sind, tatsächlich schlecht gebraucht werden, wenn der Verantwortliche sich nur von egoistischen Interessen leiten lässt. So können an sich gute Mittel in schadenbringende Mittel verwandelt werden. Doch diese Konsequenzen bringt die verblendete Vernunft der Menschen hervor, nicht die Mittel selbst. Daher muss sich der Appell nicht an das Mittel, sondern an den Menschen richten, an sein moralisches Gewissen und an seine persönliche und soziale Verantwortung.

Die Soziallehre der Kirche ist der Ansicht, dass wahrhaft menschliche Beziehungen in Freundschaft und Gemeinschaft, Solidarität und Gegenseitigkeit auch innerhalb der Wirtschaftstätigkeit und nicht nur außerhalb oder »nach« dieser gelebt werden können. Der Bereich der Wirtschaft ist weder moralisch neutral noch von seinem Wesen her unmenschlich und antisozial. Er gehört zum Tun des Menschen und muss, gerade weil er menschlich ist, nach moralischen Gesichtspunkten strukturiert und institutionalisiert werden.
Vor uns liegt eine große Herausforderung, die von den Problemen der Entwicklung in dieser Zeit der Globalisierung hervorgebracht und durch die Wirtschafts- und Finanzkrise noch weiter erschwert wurde: Wir müssen in unserem Denken und Handeln nicht nur zeigen, dass die traditionellen sozialethischen Prinzipien wie die Transparenz, die Ehrlichkeit und die Verantwortung nicht vernachlässigt oder geschwächt werden dürfen, sondern auch, dass in den geschäftlichen Beziehungen das Prinzip der Unentgeltlichkeit und die Logik des Geschenks als Ausdruck der Brüderlichkeit im normalen wirtschaftlichen Leben Platz haben können und müssen. Das ist ein Erfordernis des Menschen in unserer jetzigen Zeit, aber auch ein Erfordernis des wirtschaftlichen Denkens selbst. Es ist zugleich ein Erfordernis der Liebe und der Wahrheit.

37. Die Soziallehre der Kirche hat immer bekräftigt, dass die Gerechtigkeit alle Phasen der Wirtschaftstätigkeit betrifft, da diese stets mit dem Menschen und mit seinen Bedürfnissen zu tun hat. Die Beschaffung von Ressourcen, die Finanzierung, die Produktion, der Konsum und alle übrigen Phasen haben unvermeidbar moralische Folgen. So hat jede wirt-

schaftliche Entscheidung eine moralische Konsequenz. All das bestätigt sich auch in den Sozialwissenschaften und in den Tendenzen der heutigen Wirtschaft. Vielleicht war es früher denkbar, der Wirtschaft die Schaffung des Reichtums anzuvertrauen, um dann der Politik die Aufgabe zu übertragen, diesen zu verteilen. Heute erscheint das schwieriger, da die wirtschaftlichen Tätigkeiten nicht an territoriale Grenzen gebunden sind, während die Autorität der Regierungen weiter vorwiegend örtlich beschränkt ist. Darum müssen die Regeln der Gerechtigkeit von Anfang an beachtet werden, während der wirtschaftliche Prozess in Gang ist, und nicht mehr danach oder parallel dazu. Darüber hinaus ist es nötig, dass Räume für wirtschaftliche Tätigkeiten geschaffen werden, die von Trägern durchgeführt werden, die ihr Handeln aus freiem Entschluss nach Prinzipien ausrichten, die sich vom reinen Profitstreben unterscheiden, die aber dennoch weiter wirtschaftliche Werte hervorbringen wollen. Die vielen Ausdrucksformen der Wirtschaft, die aus konfessionellen und nicht konfessionellen Initiativen hervorgegangen sind, zeigen, dass das eine konkrete Möglichkeit ist.
In der Zeit der Globalisierung leidet die Wirtschaft an konkurrierenden Modellen, die von sehr unterschiedlichen Kulturen abhängig sind. Die daraus hervorgehenden wirtschaftlich-unternehmerischen Verhaltensweisen finden vorwiegend in der Beachtung der ausgleichenden Gerechtigkeit einen Berührungspunkt. Das Wirtschaftsleben braucht ohne Zweifel Verträge, um den Tausch von einander entsprechenden Werten zu regeln. Ebenso sind jedoch gerechte Gesetze, von der Politik geleitete Mechanismen zur Umverteilung und darüber hinaus Werke, die vom Geist des Schenkens geprägt sind, nötig. Die globalisierte Wirtschaft scheint die erste Logik, jene des vertraglich vereinbarten

Gütertausches, zu bevorzugen, aber direkt und indirekt zeigt sie, dass sie auch die anderen beiden Formen braucht, die Logik der Politik und die Logik des Geschenks ohne Gegenleistung.

38. Mein Vorgänger Papst Johannes Paul II. hat auf diese Problematik hingewiesen, als er in der Enzyklika *Centesimus annus* die Notwendigkeit eines Systems mit drei Subjekten aufgezeigte: dem Markt, dem Staat und der Zivilgesellschaft.[92] In der Zivilgesellschaft sah er den geeignetsten Bereich für eine Wirtschaft der Unentgeltlichkeit und der Brüderlichkeit, aber er wollte diese nicht für die anderen beiden Bereiche ausschließen. Heute können wir sagen, dass das Wirtschaftsleben als eine mehrdimensionale Realität verstanden werden muss: In allen muss in unterschiedlichem Umfang und in eigenen Formen der Aspekt der brüderlichen Gegenseitigkeit vorhanden sein. In der Zeit der Globalisierung kann die Wirtschaftstätigkeit nicht auf die Unentgeltlichkeit verzichten, die die Solidarität und das Verantwortungsbewusstsein für die Gerechtigkeit und das Gemeinwohl in seinen verschiedenen Subjekten und Akteuren verbreitet und nährt. Es handelt sich dabei schließlich um eine konkrete und tiefgründige Form wirtschaftlicher Demokratie. Solidarität bedeutet vor allem, dass sich alle für alle verantwortlich fühlen,[93] und daher kann sie nicht allein dem Staat übertragen werden. Während man früher der Ansicht sein konnte, dass man zuerst für Gerechtigkeit sorgen müsse und dass die Unentgeltlichkeit danach als ein Zusatz hinzukäme, muss man heute festhalten, dass ohne die Unentgeltlichkeit auch die Gerechtigkeit nicht erreicht werden kann. Es bedarf daher eines Marktes, auf dem Unternehmen mit unterschiedlichen Betriebszielen frei und unter gleichen

Bedingungen tätig sein können. Neben den gewinnorientierten Privatunternehmen und den verschiedenen Arten von staatlichen Unternehmen sollen auch die nach wechselseitigen und sozialen Zielen strebenden Produktionsverbände einen Platz finden und tätig sein können. Aus ihrem Zusammentreffen auf dem Markt kann man sich erhoffen, dass es zu einer Art Kreuzung und Vermischung der unternehmerischen Verhaltensweisen kommt und dass in der Folge spürbar auf eine Zivilisierung der Wirtschaft geachtet wird. Liebe in der Wahrheit bedeutet in diesem Fall, dass jenen wirtschaftlichen Initiativen Gestalt und Struktur verliehen wird, die den Gewinn zwar nicht ausschließen, aber über die Logik des Äquivalenzprinzips und des Gewinns als Selbstzweck hinausgehen wollen.

39. Papst Paul VI. sprach sich in der Enzyklika *Populorum progressio* für die Schaffung eines Marktwirtschaftsmodells aus, das wenigstens tendenziell alle Völker einschließen kann und nicht nur jene, die über entsprechende Möglichkeiten und Fähigkeiten verfügen. Er verlangte, sich dafür einzusetzen, dass eine für alle menschlichere Welt entstehe, eine Welt, »wo alle geben und empfangen können, ohne dass der Fortschritt der einen ein Hindernis für die Entwicklung der anderen ist«.[94] Damit dehnte er die Forderungen und Ziele der Enzyklika *Rerum novarum* auf eine universale Ebene aus. Als jene Enzyklika als Antwort auf die industrielle Revolution erschien, setzte sich zum ersten Mal der damals sicher fortschrittliche Gedanke durch, dass der Fortbestand der gesellschaftlichen Ordnung auch eines umverteilenden Eingreifens des Staates bedarf. Heute erweist sich diese Sicht auch abgesehen davon, dass sie durch die Öffnung der Märkte und der gesellschaftlichen Gruppen in Krise geraten

ist, als unvollständig und kann die Ansprüche an eine voll und ganz menschliche Wirtschaft nicht erfüllen. Was die Soziallehre der Kirche ausgehend von ihrer Sicht des Menschen und der Gesellschaft immer vertreten hat, ist heute auch aufgrund der Dynamiken erforderlich, die die Globalisierung mit sich bringt.

Wenn die Logik des Marktes und die Logik des Staates mit gegenseitigem Einverständnis auf dem Monopol ihrer jeweiligen Einflussbereiche beharren, gehen langfristig die Solidarität in den Beziehungen zwischen den Bürgern, die Anteilnahme und die Beteiligung sowie die unentgeltliche Tätigkeit verloren. Diese unterscheiden sich vom »Geben, um zu haben«, das die Logik des Tausches ausmacht, und vom »Geben aus Pflicht«, das für die öffentlichen Verhaltensweisen gilt, die durch staatliche Gesetze auferlegt werden. Die Überwindung der Unterentwicklung erfordert ein Eingreifen nicht nur zur Verbesserung der auf Gütertausch beruhenden Transaktionen, nicht nur im Bereich der Leistungen der öffentlichen Hilfseinrichtungen, sondern vor allem eine fortschreitende Offenheit auf weltweiter Ebene für wirtschaftliche Tätigkeiten, die sich durch einen Anteil von Unentgeltlichkeit und Gemeinschaft auszeichnen. Die exklusive Kombination Markt–Staat zersetzt den Gemeinschaftssinn. Die Formen solidarischen Wirtschaftslebens hingegen, die ihren fruchtbarsten Boden im Bereich der Zivilgesellschaft finden, ohne sich auf diese zu beschränken, schaffen Solidarität. Es gibt keinen Markt der Unentgeltlichkeit, und eine Haltung der Unentgeltlichkeit kann nicht per Gesetz verordnet werden. Dennoch brauchen sowohl der Markt als auch die Politik Menschen, die zur Hingabe aneinander bereit sind.

40. Die derzeitigen internationalen wirtschaftlichen Dynamiken mit ihren schwerwiegenden Verzerrungen und Missständen erfordern, dass sich auch das Verständnis des Unternehmens tiefgreifend verändern muss. Alte Formen der Unternehmertätigkeit gehen ihrem Ende entgegen, doch am Horizont werden neue vielversprechende Formen sichtbar. Eine der größten Gefahren ist sicher die, dass das Unternehmen fast ausschließlich gegenüber den Investoren verantwortlich ist und so letztendlich an Bedeutung für die Gesellschaft einbüßt. Aufgrund der wachsenden Größe und des zunehmenden Kapitalbedarfs hängen immer weniger Unternehmen von einem gleichbleibenden Unternehmer ab, der sich langfristig – und nicht nur vorübergehend – für die Tätigkeit und die Ergebnisse seines Unternehmens verantwortlich fühlt, und immer seltener hängen Unternehmen nur von einer Region ab. Außerdem kann die sogenannte Auslagerung der Produktionstätigkeit das Verantwortungsbewusstsein des Unternehmers gegenüber Interessensträgern wie den Arbeitnehmern, den Zulieferern, den Konsumenten, der Umwelt und dem größeren gesellschaftlichen Umfeld zugunsten der Aktionäre verringern, die nicht an einen bestimmten Ort gebunden sind und daher außerordentlich beweglich sind. Der internationale Kapitalmarkt bietet heute tatsächlich einen großen Handlungsspielraum. Zugleich wächst aber auch das Bewusstsein für die Notwendigkeit einer weiterreichenden »sozialen Verantwortung« des Unternehmens. Auch wenn nicht alle ethischen Konzepte, die heute die Debatte über die soziale Verantwortung des Unternehmens bestimmen, aus der Sicht der Soziallehre der Kirche annehmbar sind, so ist es doch eine Tatsache, dass sich eine Grundüberzeugung ausbreitet, nach der die Führung des Unternehmens nicht allein auf die Interessen der

Eigentümer achten darf, sondern muss auch auf die von allen anderen Personenkategorien eingehen, die zum Leben des Unternehmens beitragen: die Arbeitnehmer, die Kunden, die Zulieferer der verschiedenen Produktionselemente, die entsprechende Gemeinde. In den vergangenen Jahren war eine Zunahme einer kosmopolitischen Klasse von Managern zu beobachten, die sich oft nur nach den Anweisungen der Hauptaktionäre richten, bei denen es sich normalerweise um anonyme Fonds handelt, die de facto den Verdienst der Manager bestimmen. Auch heute gibt es jedoch viele Manager, die sich dank weitblickender Analysen immer mehr der tiefgreifenden Verbindungen bewusst werden, die ihr Unternehmen mit der Region oder den Regionen, in denen es arbeitet, hat. Papst Paul VI. lud dazu ein, ernsthaft zu bedenken, welchen Schaden es dem eigenen Land zufügen kann, wenn Kapital nur zum persönlichen Vorteil ins Ausland geschafft wird.[95] Papst Johannes Paul II. merkte an, dass eine Investition neben der wirtschaftlichen immer auch eine moralische Bedeutung hat.[96] Es muss betont werden, dass all das auch heute gilt, auch wenn der Kapitalmarkt stark liberalisiert worden ist und die moderne technologische Denkweise dazu verleiten kann, in einer Investition nur einen technischen Vorgang und nicht auch eine menschliche und ethische Handlung zu sehen. Es gibt keinen Grund zu leugnen, dass ein gewisses Kapital Gutes bewirken kann, wenn es im Ausland und nicht in der Heimat investiert wird. Es müssen aber die aus Gerechtigkeit bestehenden Ansprüche gewährt sein, wobei auch zu beachten ist, wie dieses Kapital entstanden ist und welchen Schaden die Menschen davontragen, wenn es nicht an den Orten eingesetzt wird, wo es geschaffen wurde.[97] Man muss vermeiden, dass die finanziellen Ressourcen zur Spekulation verwendet werden und man der Versuchung nachgibt, nur einen kurzfristigen Gewinn zu suchen und nicht auch den langfristigen Bestand des Unternehmens, den Nutzen der Investition für die Realwirtschaft und die Sorge für die angemessene und gelegene Förderung von wirtschaftlichen Initiativen in Entwicklungsländern. Ebenso gibt es keinen Grund zu leugnen, dass eine Verlagerung ins Ausland, wenn sie mit Investitionen und Ausbildung verbunden ist, für die Bevölkerung des betreffenden Landes Gutes bewirken kann. Die Arbeit und das technische Wissen werden überall gebraucht. Es ist aber nicht zulässig, eine Auslagerung nur vorzunehmen, um von bestimmten Begünstigungen zu profitieren oder gar um andere auszubeuten, ohne einen echten Beitrag für die Gesellschaft vor Ort zur Schaffung eines stabilen Produktions- und Sozialwesens zu leisten, das eine unverzichtbare Bedingung für eine beständige Entwicklung darstellt.

41. In diesem Zusammenhang ist es hilfreich, darauf hinzuweisen, dass die unternehmerische Tätigkeit eine mehrwertige Bedeutung hat und dieser immer mehr gerecht werden muss. Die seit längerer Zeit vorherrschende Kombination Markt–Staat hat uns daran gewöhnt, nur an den privaten Unternehmer nach kapitalistischer Art und andererseits an die Leiter staatlicher Unternehmen zu denken. In Wirklichkeit ist ein differenziertes Verständnis der unternehmerischen Tätigkeit erforderlich. Das resultiert aus einer Reihe von metaökonomischen Beweggründen. Die unternehmerische Tätigkeit hat noch vor ihrer beruflichen eine menschliche Bedeutung.[98] Sie ist Teil einer jeden Arbeit, wenn sie als »actus personae«[99] betrachet wird; daher ist es gut, jedem Arbeitnehmer die Möglichkeit zu geben, seinen persönli-

chen Beitrag zu leisten, so dass er selbst »das Bewusstsein hat, im eigenen Bereich zu arbeiten«.[100] Nicht zufällig lehrte Papst Paul VI. dass »jeder, der arbeitet, schöpferisch tätig ist«.[101] Gerade um den Erfordernissen und der Würde des arbeitenden Menschen sowie den Bedürfnissen der Gesellschaft gerecht zu werden, gibt es verschiedene Arten von Unternehmen, weit hinaus über die alleinige Unterscheidung zwischen »privat« und »staatlich«. Jede erfordert und verwirklicht eine besondere unternehmerische Fähigkeit. Um eine Wirtschaft zu erreichen, die sich in der nahen Zukunft in den Dienst des nationalen und weltweiten Gemeinwohls stellen kann, ist es angebracht, diese weitreichende Bedeutung der unternehmerischen Tätigkeit zu beachten. Diese umfassendere Sicht fördert den Austausch und die gegenseitige Prägung unter den verschiedenen Arten von unternehmerischer Tätigkeit mit einem Kompetenzfluss vom nicht-gewinnorientierten Bereich zum gewinnorientierten und umgekehrt, vom öffentlichen zu dem der Zivilgesellschaft, von den fortgeschrittenen Wirtschaftsregionen zu jenen der Entwicklungsländer.

Auch die »politische Autorität« hat eine mehrwertige Bedeutung, die auf dem Weg zur Verwirklichung einer neuen sozial verantwortlichen und nach dem Maß des Menschen ausgerichteten wirtschaftlich-produktiven Ordnung nicht vergessen werden darf. So wie man auf der ganzen Welt eine differenzierte unternehmerische Tätigkeit pflegen will, so muss auch eine verteilte und auf verschiedenen Ebenen wirkende politische Autorität gefördert werden. Die zusammengewachsene Wirtschaft unserer Zeit eliminiert die Rolle der Staaten nicht, sie verpflichtet die Regierungen vielmehr zu einer engeren Zusammenarbeit untereinander. Gründe der Weisheit und der Klugheit raten davon ab, vorschnell das Ende des Staates auszurufen. Hinsichtlich der Lösung der derzeitigen Krise zeichnet sich ein Wachstum seiner Rolle ab, indem er viele seiner Kompetenzen wiedererlangt. Es gibt auch Länder, in denen der Aufbau oder der Wiederaufbau des Staates weiterhin ein Schlüsselelement für ihre Entwicklung ist. Die internationale Hilfe sollte gerade im Rahmen eines solidarischen Plans zur Lösung der gegenwärtigen wirtschaftlichen Probleme die Festigung der Verfassungs-, Rechts- und Verwaltungssysteme in den Ländern, die sich dieser Güter noch nicht vollkommen erfreuen, eher fördern. Neben der wirtschaftlichen Hilfe bedarf es der Unterstützung, um die dem Rechtsstaat eigenen Garantien, ein wirksames System der öffentlichen Ordnung und des Gefängniswesens unter Einhaltung der Menschenrechte und wirklich demokratische Institutionen zu stärken. Der Staat muss nicht überall dieselben Ausprägungen haben: Die Unterstützung zur Stärkung der schwachen Verfassungssysteme kann auf hervorragende Weise von der Entwicklung anderer politischer Akteure neben dem Staat begleitet werden, die kultureller, sozialer, regionaler oder religiöser Art sind. Die Gliederung der politischen Autorität auf lokaler Ebene, auf der Ebene der nationalen und internationalen Zivilgesellschaft und auf der Ebene der übernationalen und weltweiten Gemeinschaft ist auch einer der Hauptwege, um die wirtschaftliche Globalisierung lenken zu können. Sie ist auch die Vorgangsweise, um zu verhindern, dass diese de facto die Fundamente der Demokratie untergräbt.

42. Manchmal sind gegenüber der Globalisierung fatalistische Einstellungen bemerkbar, als ob die herrschenden Dynamiken von unpersönlichen anonymen Kräften und von vom menschlichen Wollen unabhängigen Strukturen hervor-

gebracht würden.[102] Diesbezüglich ist es gut, in Erinnerung zu rufen, dass die Globalisierung gewiß einen sozioökonomischen Prozess darstellt, dies aber nicht ihre einzige Dimension ist. Hinter dem deutlicher sichtbaren Prozess steht eine zunehmend untereinander verflochtene Menschheit; diese setzt sich aus Personen und Völkern zusammen, denen dieser Prozess zum Nutzen und zur Entwicklung gereichen soll,[103] weil sowohl die Einzelnen als auch die Gesamtheit die jeweiligen Verantwortungen auf sich nehmen. Die Überwindung der Grenzen ist nicht nur eine materielle Angelegenheit, sondern hinsichtlich ihrer Gründe und Auswirkungen auch eine kulturelle Frage. Wenn die Globalisierung deterministisch interpretiert wird, gehen die Kriterien für ihre Bewertung und ihre Ausrichtung verloren. Sie ist eine menschliche Realität, hinter der verschiedene kulturelle Ausrichtungen stehen können, die sorgfältig abgewogen werden müssen. Die Wahrheit des Globalisierungsprozesses und sein grundlegendes ethisches Kriterium sind in der Einheit der Menschheitsfamilie und in ihrem Voranschreiten im Guten gegeben. Es ist daher ein unablässiger Einsatz zur Förderung einer personalistischen und gemeinschaftlichen sowie für die Transzendenz offenen kulturellen Ausrichtung des globalen Integrationsprozesses erforderlich.

Trotz einiger ihrer strukturell bedingten Dimensionen, die nicht zu leugnen sind, aber auch nicht verabsolutiert werden dürfen, ist »die Globalisierung a priori weder gut noch schlecht. Sie wird das sein, was die Menschen aus ihr machen«.[104] Wir dürfen nicht Opfer sein, sondern müssen Gestalter werden, indem wir mit Vernunft vorgehen und uns von der Liebe und von der Wahrheit leiten lassen. Blinder Widerstand wäre eine falsche Haltung, ein Vorurteil, das schließlich dazu führen würde, einen Prozess zu verkennen, der auch viele positive Seiten hat, und so Gefahr zu laufen, eine große Chance zu verpassen, an den vielfältigen Entwicklungsmöglichkeiten teilzuhaben, die dieser bietet. Die angemessen geplanten und ausgeführten Globalisierungsprozesse machen auf weltweiter Ebene eine noch nie dagewesene große Neuverteilung des Reichtums möglich; wenn diese Prozesse jedoch schlecht geführt werden, können sie hingegen zu einer Zunahme der Armut und der Ungleichheit führen sowie mit einer Krise die ganze Welt anstecken. Es ist nötig, die auch schweren Mängel dieser Prozesse zu beheben, die neue Spaltungen zwischen den Völkern und innerhalb der Völker verursachen, und dafür zu sorgen, dass die Umverteilung des Reichtums nicht mittels einer Umverteilung der Armut erfolgt oder diese sogar noch zunimmt, wie es ein schlechter Umgang mit der gegenwärtigen Lage befürchten lassen könnte. Lange Zeit dachte man, dass die armen Völker in einem im voraus festgelegten Entwicklungsstadium verbleiben und sich mit der Philanthropie der entwickelten Völker begnügen müssten. Gegen diese Mentalität hat Papst Paul VI. in der Enzyklika *Populorum progressio* Stellung bezogen. Heute sind die zur Verfügung stehenden materiellen Möglichkeiten, um diesen Völkern aus der Armut herauszuhelfen, potentiell größer als früher, aber sie wurden hauptsächlich von den entwickelten Völkern selbst in Beschlag genommen, die sich den Prozess der Liberalisierung des Finanz- und Arbeitskräfteverkehrs besser zunutze machen konnten. Die weltweite Ausbreitung des Wohlstands darf daher nicht durch egoistische, protektionistische und von Einzelinteressen geleitete Projekte gebremst werden. Die Einbeziehung der Schwellen- und Entwicklungsländer ermöglicht heute einen besseren Umgang mit der Krise. Die zum Globalisierungsprozess gehörende Veränderung bringt große Schwierigkeiten und Gefahren mit sich, die nur dann überwunden werden können, wenn man sich der anthropologischen und ethischen Seele bewusst wird, die aus der Tiefe die Globalisierung selbst in Richtung einer solidarischen Humanisierung führt. Leider ist diese Seele oft verschüttet und wird von individualistisch und utilitaristisch geprägten ethisch-kulturellen Sichtweisen unterdrückt. Die Globalisierung ist ein vielschichtiges und polyvalentes Phänomen, das in der Verschiedenheit und in der Einheit all seiner Dimensionen – einschließlich der theologischen – erfasst werden muss. Dies wird es erlauben, die Globalisierung der Menschheit im Sinne von Beziehung, Gemeinschaft und Teilhabe zu leben und auszurichten.

Viertes Kapitel
ENTWICKLUNG DER VÖLKER, RECHTE UND PFLICHTEN, UMWELT

43. »Die Solidarität aller, die etwas Wirkliches ist, bringt für uns nicht nur Vorteile mit sich, sondern auch Pflichten«.[105] Viele Menschen neigen heute zu der Anmaßung, niemandem etwas schuldig zu sein außer sich selbst. Sie meinen, nur Rechte zu besitzen, und haben oft große Schwierigkeiten, eine Verantwortung für ihre eigene und die ganzheitliche Entwicklung des anderen reifen zu lassen. Es ist deshalb wichtig, eine neue Reflexion darüber anzuregen, dass die Rechte Pflichten voraussetzen, ohne die sie zur Willkür werden.[106] Wir erleben heutzutage einen bedrückenden Widerspruch. Während man einerseits mutmaßliche Rechte willkürlicher und genießerischer Art unter dem Vorwand beansprucht, sie würden von den staatlichen Strukturen anerkannt und gefördert, werden andererseits einem großen Teil der Menschheit elementare Grundrechte aberkannt und verletzt.[107] Häufig festzustellen ist ein Zusammenhang zwischen der Beanspruchung des Rechts auf Überfluss oder geradezu auf Rechtswidrigkeit und Laster in den Wohlstandgesellschaften und dem Mangel an Nahrung, Trinkwasser, Schulbildung oder medizinischer Grundversorgung in manchen unterentwickelten Weltregionen wie auch am Rande von großen Metropolen. Der Zusammenhang beruht darauf, dass die Individualrechte, wenn sie von einem sinngebenden Rahmen von Pflichten losgelöst sind, verrückt werden und eine praktisch grenzenlose und alle Kriterien entbehrende Spirale von Ansprüchen auslösen. Die Übertreibung der Rechte mündet in die Unterlassung der Pflichten. Die

Pflichten grenzen die Rechte ein, weil sie sie auf den anthropologischen und ethischen Rahmen verweisen, in dessen Wahrheit sich auch diese letzteren einfügen und daher nicht zur Willkür werden. Die Pflichten stärken demnach die Rechte und bieten deren Verteidigung und Förderung als eine Aufgabe im Dienst des Guten an. Wenn hingegen die Rechte des Menschen ihr Fundament allein in den Beschlüssen einer Bürgerversammlung finden, können sie jederzeit geändert werden, und daher lässt die Pflicht, sie zu achten und einzuhalten, im allgemeinen Bewusstsein nach. Die Regierungen und internationalen Organismen können da die Objektivität und »Unverfügbarkeit« der Rechte außer Acht lassen. Wenn das geschieht, ist die echte Entwicklung der Völker gefährdet.[108] Derartige Einstellungen kompromittieren das Ansehen der internationalen Organismen vor allem in den Augen der am meisten entwicklungsbedürftigen Länder. Diese fordern nämlich, dass die internationale Gemeinschaft es als eine Pflicht übernimmt, ihnen zu helfen, »Baumeister ihres Schicksals«[109] zu sein, das heißt ihrerseits Pflichten zu übernehmen. Das Teilen der wechselseitigen Pflichten mobilisiert viel stärker als die bloße Beanspruchung von Rechten.

44. Die Auffassung von den Rechten und Pflichten in der Entwicklung muss auch den Problemkreis im Zusammenhang mit dem Bevölkerungswachstum berücksichtigen. Es handelt sich um einen sehr wichtigen Aspekt der echten Entwicklung, weil er die unverzichtbaren Werte des Lebens und der Familie betrifft.[110] In der Bevölkerungszunahme die Hauptursache der Unterentwicklung zu sehen, ist – auch in wirtschaftlicher Hinsicht – unkorrekt. Man braucht nur einerseits an den bedeutenden Rückgang der Kindersterblich-

keit und die Verlängerung des durchschnittlichen Lebensalters in neuen wirtschaftlich entwickelten Ländern zu denken und andererseits an die deutlichen Zeichen einer Krise in solchen Gesellschaften, die einen beunruhigenden Geburtenrückgang verzeichnen. Die Kirche, der die wahre Entwicklung des Menschen am Herzen liegt, empfiehlt ihm die umfassende Achtung menschlicher Werte, und dies gilt auch für den Umgang mit der Sexualität: Man kann sie nicht auf eine lediglich hedonistische und spielerische Handlung reduzieren, so wie man die Sexualerziehung nicht auf eine technische Anleitung reduzieren kann, deren einzige Sorge es ist, die Betroffenen vor eventuellen Ansteckungen oder vor dem »Risiko« der Fortpflanzung zu schützen. Das würde einer Verarmung und Missachtung der tiefen Bedeutung der Sexualität gleichkommen, die jedoch sowohl von der einzelnen Person wie von der Gemeinschaft anerkannt und verantwortungsvoll angenommen werden soll. Die Verantwortung verbietet es nämlich ebenso, die Sexualität lediglich als Lustquelle zu betrachten, wie sie in politische Maßnahmen einer erzwungenen Geburtenplanung einzubeziehen. In beiden Fällen steht man vor materialistischen Auffassungen und deren politischen Umsetzungen, in denen die Menschen schließlich verschiedene Formen von Gewalt erleiden. All dem muss man in diesem Bereich die vorrangige Zuständigkeit der Familien[111] gegenüber dem Staat und seinen restriktiven politischen Maßnahmen sowie eine entsprechende Erziehung der Eltern entgegensetzen.
Die moralisch verantwortungsvolle Offenheit für das Leben ist ein sozialer und wirtschaftlicher Reichtum. Große Nationen haben auch dank der großen Zahl und der Fähigkeiten ihrer Einwohner aus dem Elend herausfinden können. Umgekehrt erleben einst blühende Nationen jetzt wegen des

Geburtenrückgangs eine Phase der Unsicherheit und in manchen Fällen sogar ihres Niedergangs – ein entscheidendes Problem gerade für die Wohlstandsgesellschaften. Der Geburtenrückgang, der die Bevölkerungszahl manchmal unter den kritischen demographischen Wert sinken lässt, stürzt auch die Sozialhilfesysteme in die Krise, führt zur Erhöhung der Kosten, schränkt die Rückstellung von Ersparnissen und in der Folge die für die Investitionen nötigen finanziellen Ressourcen ein, reduziert die Verfügbarkeit qualifizierter Arbeitskräfte und verringert das Reservoir der »Köpfe«, aus dem man für die Bedürfnisse der Nation schöpfen muss. Außerdem laufen die kleinen, manchmal sehr kleinen Familien Gefahr, die sozialen Beziehungen zu vernachlässigen und keine wirksamen Solidaritätsformen zu gewährleisten. Diese Situationen weisen die Symptome eines geringen Vertrauens in die Zukunft sowie einer moralischen Müdigkeit auf. Daher wird es zu einer sozialen und sogar ökonomischen Notwendigkeit, den jungen Generationen wieder die Schönheit der Familie und der Ehe vor Augen zu stellen sowie die Übereinstimmung dieser Einrichtungen mit den tiefsten Bedürfnissen des Herzens und der Würde des Menschen. In dieser Hinsicht sind die Staaten dazu aufgerufen, politische Maßnahmen zu treffen, die die zentrale Stellung und die Unversehrtheit der auf die Ehe zwischen einem Mann und einer Frau gegründeten Familie, der Grund- und Lebenszelle der Gesellschaft,[112] dadurch fördern, indem sie sich auch um deren wirtschaftliche und finanzielle Probleme in Achtung vor ihrem auf Beziehung beruhenden Wesen kümmern.

45. Antworten auf die tiefsten moralischen Ansprüche des Menschen haben auch wichtige und wohltuende Auswirkun-

gen auf wirtschaftlicher Ebene. Die Wirtschaft braucht nämlich für ihr korrektes Funktionieren die Ethik; nicht irgendeine Ethik, sondern eine menschenfreundliche Ethik. Heute spricht man viel von Ethik im Bereich der Wirtschaft, der Finanzen und der Betriebe. Es entstehen Studienzentren und Ausbildungsgänge für business ethics; in der Welt der hochentwickelten Länder verbreitet sich im Gefolge der rund um die soziale Verantwortung des Betriebs entstandenen Bewegung das System der ethischen Zertifikate. Die Banken bieten sogenannte »ethische« Konten und Investitionsfonds an. Es entwickelt sich ein »ethisches Finanzwesen«, vor allem durch den Kleinkredit und allgemeiner die Mikrofinanzierung. Diese Entwicklungen rufen Anerkennung hervor und verdienen eine breite Unterstützung. Ihre positiven Auswirkungen sind auch in weniger entwickelten Zonen der Erde wahrzunehmen. Es ist jedoch gut, auch ein gültiges Unterscheidungskriterium zu erarbeiten, da man eine gewisse Abnützung des Adjektivs »ethisch« feststellt, das, wenn es allgemein gebraucht wird, auch sehr verschiedene Inhalte bezeichnet. Das kann so weit gehen, dass unter seinem Deckmantel Entscheidungen und Beschlüsse durchgehen, die der Gerechtigkeit und dem wahren Wohl des Menschen widersprechen.
Viel hängt nämlich vom moralischen Bezugssystem ab. Zu diesem Thema hat die Soziallehre der Kirche einen besonderen Beitrag zu leisten, der sich auf die Erschaffung des Menschen »als Abbild Gottes« (Gen 1,27) gründet, eine Tatsache, von der sich die unverletzliche Würde der menschlichen Person ebenso herleitet wie der transzendente Wert der natürlichen moralischen Normen. Eine Wirtschaftsethik, die von diesen beiden Säulen absähe, würde unvermeidlich Gefahr laufen, ihre moralische Qualität zu verlieren und sich

instrumentalisieren zu lassen; genauer gesagt, sie würde riskieren, zu einer Funktion für die bestehenden Wirtschafts- und Finanzsysteme zu werden, statt zum Korrektiv ihrer Missstände. Unter anderem würde sie schließlich auch die Finanzierung von ethisch nicht vertretbaren Projekten rechtfertigen. Ferner soll das Wort »ethisch« nicht in ideologisch diskriminierender Weise angewandt werden, indem man damit zu verstehen gibt, dass die Initiativen, die sich nicht formell mit dieser Bezeichnung zieren, nicht ethisch seien. Man muss sich nicht nur darum bemühen – die Bemerkung ist hier wesentlich! – , dass »ethische« Sektoren und Bereiche der Ökonomie oder des Finanzwesens entstehen, sondern dass die gesamte Wirtschaft und das gesamte Finanzwesen ethisch sind und das nicht nur durch eine äußerliche Etikettierung, sondern aus Achtung vor den ihrer Natur selbst wesenseigenen Ansprüchen. Diesbezüglich spricht die jüngste Soziallehre der Kirche mit aller Klarheit, wenn sie daran erinnert, dass die Wirtschaft mit allen ihren Zweigen ein Teilbereich des vielfältigen menschlichen Tuns ist.[113]

46. Betrachtet man die mit der Beziehung zwischen Unternehmen und Ethik befassten Themenbereiche sowie die Entwicklung, die das Produktionssystem durchmacht, so scheint es, dass die bisher allgemein verbreitete Unterscheidung zwischen gewinnorientierten (profit) Unternehmen und nicht gewinnorientierten (non profit) Organisationen nicht mehr imstande ist, über die tatsächliche Situation vollständig Rechenschaft zu geben oder zukünftige Entwicklungen effektiv zu gestalten. In diesen letzten Jahrzehnten ist ein großer Zwischenbereich zwischen den beiden Unternehmenstypologien entstanden. Er besteht aus traditionellen Unternehmen, die allerdings Hilfsabkommen für rück-

ständige Länder unterzeichneten; aus Unternehmensgruppen, die Ziele mit sozialem Nutzen verfolgen; aus der bunten Welt der Vertreter der sogenannten öffentlichen und Gemeinschaftswirtschaft. Es handelt sich nicht nur um einen »dritten Sektor«, sondern um eine neue umfangreiche zusammengesetzte Wirklichkeit, die das Private und das Öffentliche einbezieht und den Gewinn nicht ausschließt, ihn aber als Mittel für die Verwirklichung humaner und sozialer Ziele betrachtet. Die Tatsache, dass diese Unternehmen die Gewinne nicht verteilen oder dass sie die eine oder andere von den Rechtsnormen vorgesehene Struktur haben, wird nebensächlich angesichts ihrer Bereitschaft, den Gewinn als ein Mittel zu begreifen, um eine Humanisierung des Marktes und der Gesellschaft zu erreichen. Es ist zu wünschen, dass diese neuen Unternehmensformen in allen Ländern auch eine entsprechende rechtliche und steuerliche Gestalt finden. Ohne den herkömmlichen Unternehmensformen etwas von ihrer wirtschaftlichen Bedeutung und Nützlichkeit zu nehmen, bewirken die neuen Formen, dass sich das System zu einer klareren und vollkommeneren Übernahme der Verpflichtungen seitens der Wirtschaftsvertreter entwickelt. Nicht nur das. Gerade die Vielfalt der institutionellen Unternehmensformen sollte einen humaneren und zugleich wettbewerbsfähigeren Markt hervorbringen.

47. Die Vermehrung der verschiedenen Unternehmenstypologien und besonders derjenigen, die dazu fähig sind, den Gewinn als ein Mittel zu begreifen, um den Zweck der Humanisierung des Marktes und der Gesellschaften zu erreichen, muss auch in den Ländern verfolgt werden, die unter Ausschluss oder Ausgrenzung aus den globalen Wirtschaftskreisläufen leiden. Dort ist es sehr wichtig, mit Projekten

angemessen konzipierter und verwalteter Subsidiarität voranzukommen, die vor allem die Rechte zu stärken trachten, wobei jedoch immer auch die Übernahme entsprechender Verantwortlichkeiten vorgesehen ist. In den Beiträgen zur Entwicklung muss das Prinzip der zentralen Stellung der menschlichen Person sichergestellt sein, die das Subjekt ist, das in erster Linie die Verpflichtung zur Entwicklung auf sich nehmen muss. Das Hauptinteresse gilt der Verbesserung der Lebenssituationen der konkreten Menschen in einer bestimmten Region, damit sie jenen Verpflichtungen nachkommen können, deren Erfüllung ihnen ihre derzeitige Notlage unmöglich macht. Die Sorge kann niemals eine abstrakte Haltung sein. Um an die einzelnen Situationen angepasst werden zu können, müssen die Entwicklungsprogramme von Flexibilität gekennzeichnet sein; und die Empfänger der Hilfe sollten direkt in die Planung der Projekte einbezogen und zu Hauptakteuren ihrer Umsetzung werden. Ebenso ist es notwendig, die Kriterien eines stufenweisen und begleitenden Fortschreitens – einschließlich der laufenden Kontrolle der Ergebnisse – anzuwenden, da es keine universal gültigen Rezepte gibt. Viel hängt von der konkreten Durchführung der Interventionen ab. »Weil die Völker die Baumeister ihres eigenen Fortschritts sind, müssen sie selbst auch an erster Stelle die Last und Verantwortung dafür tragen. Aber sie werden es nicht schaffen, wenn sie gegenseitig isoliert bleiben«.[114] Angesichts der Konsolidierung des Prozesses der fortschreitenden Integration der Erde hat diese Mahnung Papst Pauls VI. heute noch größere Gültigkeit. Die Dynamik der Einbeziehung hat nichts Mechanisches an sich. Die Lösungen müssen auf der Grundlage einer behutsamen Einschätzung der Situation genau auf das Leben der Völker und konkreten Personen

zugeschnitten werden. Neben den Großprojekten braucht es die kleinen Projekte und vor allem die tatkräftige Mobilisierung aller Angehörigen der Zivilgesellschaft, sowohl der juristischen wie der physischen Personen.
Die internationale Zusammenarbeit benötigt Personen, die den wirtschaftlichen und menschlichen Entwicklungsprozess durch die Solidarität ihrer Präsenz, der Begleitung, der Ausbildung und des Respekts teilen. Unter diesem Gesichtspunkt müssten sich die internationalen Organismen selbst nach der tatsächlichen Wirksamkeit ihrer oft viel zu kostspieligen bürokratischen Verwaltungsapparate fragen. Es kommt mitunter vor, dass der Hilfeempfänger zu einem Mittel für den Helfer wird und die Armen dazu dienen, aufwendige bürokratische Organisationen aufrechtzuerhalten, die für ihren eigenen Bestand allzu hohe Beträge aus jenen Ressourcen für sich behalten, die eigentlich für die Entwicklung bestimmt sein sollten. Aus dieser Sicht wäre es wünschenswert, dass sich alle internationalen Organismen und die Nichtregierungsorganisationen zu einer größeren Transparenz verpflichteten, indem sie die Spender sowie die öffentliche Meinung über den prozentualen Anteil der erhaltenen Gelder, der für die Programme der Zusammenarbeit bestimmt ist, über den tatsächlichen Inhalt solcher Programme und schließlich über die Zusammensetzung der Ausgaben der Einrichtung selbst informieren.

48. Das Thema Entwicklung ist heute stark an die Verpflichtungen gebunden, die aus der Beziehung des Menschen zur natürlichen Umwelt entstehen. Diese Beziehung wurde allen von Gott geschenkt. Der Umgang mit ihr stellt für uns eine Verantwortung gegenüber den Armen, den künftigen Generationen und der ganzen Menschheit dar. Wenn die

Natur und allen voran der Mensch als Frucht des Zufalls oder des Evolutionsdeterminismus angesehen werden, wird das Verantwortungsbewusstsein in den Gewissen schwächer. Der Gläubige erkennt hingegen in der Natur das wunderbare Werk des schöpferischen Eingreifens Gottes, das der Mensch verantwortlich gebrauchen darf, um in Achtung vor der inneren Ausgewogenheit der Schöpfung selbst seine berechtigten materiellen und geistigen Bedürfnisse zu befriedigen. Wenn diese Auffassung schwindet, wird am Ende der Mensch die Natur entweder als ein unantastbares Tabu betrachten oder, im Gegenteil, sie ausbeuten. Beide Haltungen entsprechen nicht der christlichen Anschauung der Natur, die Frucht der Schöpfung Gottes ist.

Die Natur ist Ausdruck eines Plans der Liebe und der Wahrheit. Sie geht uns voraus und wird uns von Gott als Lebensraum geschenkt. Sie spricht zu uns vom Schöpfer (vgl. Röm 1,20) und von seiner Liebe zu den Menschen. Sie ist dazu bestimmt, am Ende der Zeiten in Christus »vereint zu werden« (vgl. Eph 1,9-10; Kol 1,19-20). Auch sie ist also eine »Berufung«.[115] Die Natur steht uns nicht als »ein Haufen zufällig verstreuter Abfälle«[116] zur Verfügung, sondern als eine Gabe des Schöpfers, der die ihr innewohnenden Ordnungen gezeichnet hat, damit der Mensch daraus die gebotenen Aufschlüsse bezieht, »damit er [sie] bebaue und hüte« (Gen 2,15). Aber es muss auch betont werden, dass es der wahren Entwicklung widerspricht, die Natur für wichtiger zu halten als die menschliche Person. Diese Einstellung verleitet zu neu-heidnischen Haltungen oder einem neuen Pantheismus: Aus der in einem rein naturalistischen Sinn verstandenen Natur allein kann man nicht das Heil für den Menschen ableiten. Allerdings muss man auch die gegenteilige Position zurückweisen, die eine vollständige Technisierung der Natur anstrebt, weil das natürliche Umfeld nicht nur Materie ist, über die wir nach unserem Belieben verfügen können, sondern wunderbares Werk des Schöpfers, das eine »Grammatik« in sich trägt, die Zwecke und Kriterien für eine weise, nicht funktionelle und willkürliche Nutzung angibt. Viele Schäden für die Entwicklung rühren heute aus diesen verzerrten Auffassungen her. Die Natur vollständig auf eine Menge einfacher Gegebenheiten zu verkürzen, erweist sich schließlich als Quelle der Gewalt gegenüber der Umwelt und motiviert zu respektlosen Handlungen gegenüber der Natur des Menschen. Da diese nicht nur aus Materie, sondern auch aus Geist besteht und als solche reich an Bedeutungen und zu erreichenden transzendenten Zielen ist, hat sie auch einen normativen Charakter für die Kultur. Der Mensch deutet und bildet die natürliche Umwelt durch die Kultur nach, die ihrerseits durch die verantwortliche, auf die Gebote des Sittengesetzes achtende Freiheit bestimmt wird. Die Projekte für eine ganzheitliche menschliche Entwicklung dürfen daher die nachfolgenden Generationen nicht ignorieren, sondern müssen zur Solidarität und Gerechtigkeit zwischen den Generationen bereit sein, indem sie den vielfältigen Bereichen – dem ökologischen, juristischen, ökonomischen, politischen und kulturellen – Rechnung tragen.[117]

49. Die mit der Sorge und dem Schutz für die Umwelt zusammenhängenden Fragen müssen heute der Energieproblematik entsprechende Beachtung schenken. Das Aufkaufen der nicht erneuerbaren Energiequellen durch einige Staaten, einflussreiche Gruppen und Unternehmen stellt nämlich ein schwerwiegendes Hindernis für die Entwicklung der armen Länder dar. Diese verfügen weder über die ökono-

mischen Mittel, um sich Zugang zu den bestehenden nicht erneuerbaren Energiequellen zu verschaffen, noch können sie die Suche nach neuen und alternativen Quellen finanzieren. Das Aufkaufen der natürlichen Ressourcen, die sich in vielen Fällen gerade in den armen Ländern befinden, führt zu Ausbeutung und häufigen Konflikten zwischen den Nationen und auch innerhalb der Länder selbst. Solche Konflikte werden häufig gerade auf dem Boden dieser Länder ausgetragen, mit einer bedrückenden Schlussbilanz von Tod, Zerstörung und weiterem Niedergang. Die internationale Gemeinschaft hat die unumgängliche Aufgabe, die institutionellen Wege zu finden, um der Ausbeutung der nicht erneuerbaren Ressourcen Einhalt zu gebieten, und das auch unter Einbeziehung der armen Länder, um mit ihnen gemeinsam die Zukunft zu planen.

Auch an dieser Front besteht die dringende moralische Notwendigkeit einer erneuerten Solidarität, besonders in den Beziehungen zwischen den Entwicklungsländern und den hochindustrialisierten Ländern.[118] Die technologisch fortschrittlichen Gesellschaften können und müssen ihren Energieverbrauch verringern, weil die Produktion in der verarbeitenden Industrie sich weiterentwickelt, aber auch weil sich unter ihren Bürgern eine größere Sensibilität für die Umwelt verbreitet. Man muss außerdem hinzufügen, dass heute eine Verbesserung der Leistungsfähigkeit der Energie realisierbar und es gleichzeitig möglich ist, die Suche nach alternativen Energien voranzutreiben. Es ist jedoch auch eine weltweite Neuverteilung der Energiereserven notwendig, so dass auch die Länder, die über keine eigenen Quellen verfügen, dort Zugang erhalten können. Ihr Schicksal darf nicht den Händen des zuerst Angekommenen oder der Logik des Stärkeren überlassen werden. Es handelt sich um beachtliche Probleme, die, wenn sie in entsprechender Weise angegangen werden sollen, von seiten aller die verantwortungsvolle Bewusstwerdung der Folgen verlangen, die über die neuen Generationen hereinbrechen werden, vor allem über die sehr vielen Jugendlichen in den armen Völkern, die »ihren Anteil am Aufbau einer besseren Welt fordern«.[119]

50. Diese Verantwortung ist global, weil sie nicht nur die Energie, sondern die ganze Schöpfung betrifft, die wir den neuen Generationen nicht ausgebeutet hinterlassen dürfen. Es ist dem Menschen gestattet, eine verantwortungsvolle Steuerung über die Natur auszuüben, um sie zu schützen, zu nutzen und auch in neuen Formen und mit fortschrittlichen Technologien zu kultivieren, so dass sie die Bevölkerung, die sie bewohnt, würdig aufnehmen und ernähren kann. Es gibt Platz für alle auf dieser unserer Erde: Auf ihr soll die ganze Menschheitsfamilie die notwendigen Ressourcen finden, um mit Hilfe der Natur selbst, dem Geschenk Gottes an seine Kinder, und mit dem Einsatz ihrer Arbeit und ihrer Erfindungsgabe würdig zu leben. Wir müssen jedoch auf die sehr ernste Verpflichtung hinweisen, die Erde den neuen Generationen in einem Zustand zu übergeben, so dass auch sie würdig auf ihr leben und sie weiter kultivieren können. Das schließt ein, »es sich zur Pflicht zu machen, nach verantwortungsbewusster Abwägung gemeinsam zu entscheiden, welcher Weg einzuschlagen ist, mit dem Ziel, jenen Bund zwischen Mensch und Umwelt zu stärken, der ein Spiegel der Schöpferliebe Gottes sein soll – des Gottes, in dem wir unseren Ursprung haben und zu dem wir unterwegs sind«.[120] Man kann nur wünschen, dass die internationale Gemeinschaft und die einzelnen Regierungen es wirksam

verhindern können, dass die Umwelt zu ihrem Schaden ausgenutzt wird. Es ist ebenso erforderlich, dass die zuständigen Autoritäten alle nötigen Anstrengungen unternehmen, damit die wirtschaftlichen und sozialen Kosten für die Benutzung der allgemeinen Umweltressourcen offen dargelegt sowie von den Nutznießern voll getragen werden und nicht von anderen Völkern oder zukünftigen Generationen: Der Schutz der Umwelt, der Ressourcen und des Klimas erfordert, dass alle auf internationaler Ebene Verantwortlichen gemeinsam handeln und bereit sind, in gutem Glauben, dem Gesetz entsprechend und in Solidarität mit den schwächsten Regionen unseres Planeten zu arbeiten.[121] Eine der größten Aufgaben der Ökonomie ist gerade der äußerst effiziente Gebrauch der Ressourcen, nicht die Verschwendung, wobei man sich bewusst sein muss, dass der Begriff der Effizienz nicht wertneutral ist.

51. Die Verhaltensmuster, nach denen der Mensch die Umwelt behandelt, beeinflussen die Verhaltensmuster, nach denen er sich selbst behandelt, und umgekehrt. Das fordert die heutige Gesellschaft dazu heraus, ernsthaft ihren Lebensstil zu überprüfen, der in vielen Teilen der Welt zum Hedonismus und Konsumismus neigt und gegenüber den daraus entstehenden Schäden gleichgültig bleibt.[122] Notwendig ist ein tatsächlicher Gesinnungswandel, der uns dazu anhält, neue Lebensweisen anzunehmen, »in denen die Suche nach dem Wahren, Schönen und Guten und die Gemeinschaft mit den anderen Menschen für ein gemeinsames Wachstum die Elemente sein sollen, die die Entscheidungen für Konsum, Sparen und Investitionen bestimmen«.[123] Jede Verletzung der bürgerlichen Solidarität und Freundschaft ruft Umweltschäden hervor, so wie die Um-

weltschäden ihrerseits Unzufriedenheit in den sozialen Beziehungen auslösen. Die Natur ist besonders in unserer Zeit so sehr in die Dynamik der sozialen und kulturellen Abläufe integriert, dass sie fast keine unabhängige Variable mehr darstellt. Die fortschreitende Wüstenbildung und die Verelendung mancher Agrargebiete sind auch Ergebnis der Verarmung der dort wohnenden Bevölkerungen und der Rückständigkeit. Durch die Förderung der wirtschaftlichen und kulturellen Entwicklung jener Bevölkerungen schützt man auch die Natur. Wie viele natürliche Ressourcen werden zudem durch Kriege zerstört! Der Friede der Völker und zwischen den Völkern würde auch einen größeren Schutz der Natur erlauben. Das Aufkaufen der Ressourcen, besonders des Wassers, kann schwere Konflikte unter der betroffenen Bevölkerung hervorrufen. Ein friedliches Einvernehmen über die Nutzung der Ressourcen kann die Natur und zugleich das Wohlergehen der betroffenen Gesellschaften schützen.

Die Kirche hat eine Verantwortung für die Schöpfung und muss diese Verantwortung auch öffentlich geltend machen. Und wenn sie das tut, muss sie nicht nur die Erde, das Wasser und die Luft als Gaben der Schöpfung verteidigen, die allen gehören. Sie muss vor allem den Menschen gegen seine Selbstzerstörung schützen. Es muss so etwas wie eine richtig verstandene Ökologie des Menschen geben. Die Beschädigung der Natur hängt nämlich eng mit der Kultur zusammen, die das menschliche Zusammenleben gestaltet. Wenn in der Gesellschaft die »Humanökologie«[124] respektiert wird, profitiert davon auch die Umweltökologie. Wie die menschlichen Tugenden miteinander verbunden sind, so dass die Schwächung einer Tugend auch die anderen gefährdet, so stützt sich das ökologische System auf die Einhal-

tung eines Planes, der sowohl das gesunde Zusammenleben in der Gesellschaft wie das gute Verhältnis zur Natur betrifft.
Um die Natur zu schützen, genügt es nicht, mit anspornenden oder einschränkenden Maßnahmen einzugreifen, und auch eine entsprechende Anleitung reicht nicht aus. Das sind wichtige Hilfsmittel, aber das entscheidende Problem ist das moralische Verhalten der Gesellschaft. Wenn das Recht auf Leben und auf einen natürlichen Tod nicht respektiert wird, wenn Empfängnis, Schwangerschaft und Geburt des Menschen auf künstlichem Weg erfolgen, wenn Embryonen für die Forschung geopfert werden, verschwindet schließlich der Begriff Humanökologie und mit ihm der Begriff der Umweltökologie aus dem allgemeinen Bewusstsein. Es ist ein Widerspruch, von den neuen Generationen die Achtung der natürlichen Umwelt zu verlangen, wenn Erziehung und Gesetze ihnen nicht helfen, sich selbst zu achten. Das Buch der Natur ist eines und unteilbar sowohl bezüglich der Umwelt wie des Lebens und der Bereiche Sexualität, Ehe, Familie, soziale Beziehungen, kurz der ganzheitlichen Entwicklung des Menschen. Unsere Pflichten gegenüber der Umwelt verbinden sich mit den Pflichten, die wir gegenüber dem Menschen an sich und in Beziehung zu den anderen haben. Man kann nicht die einen Pflichten fordern und die anderen unterdrücken. Das ist ein schwerwiegender Widerspruch der heutigen Mentalität und Praxis, der den Menschen demütigt, die Umwelt erschüttert und die Gesellschaft beschädigt.

52. Die Wahrheit und die Liebe, die sie erschließt, lassen sich nicht produzieren, man kann sie nur empfangen. Ihre letzte Quelle ist nicht und kann nicht der Mensch sein, son-

dern Gott, das heißt Er, der Wahrheit und Liebe ist. Dieses Prinzip ist sehr wichtig für die Gesellschaft und für die Entwicklung, da weder die eine noch die andere lediglich menschliche Produkte sein können; ebenso gründet sich die Berufung zur Entwicklung der Menschen und der Völker nicht auf eine lediglich menschliche Entscheidung, sondern sie ist in einen Plan eingeschrieben, der uns vorausgeht und für uns alle eine Pflicht darstellt, die freiwillig angenommen werden muss. Das, was uns vorausgeht, und das, was uns konstituiert – die Liebe und die Wahrheit –, zeigt uns, was das Gute ist und worin unser Glück besteht. Es zeigt uns somit den Weg zur wahren Entwicklung.

Fünftes Kapitel
DIE ZUSAMMENARBEIT DER MENSCHHEITSFAMILIE

53. Eine der schlimmsten Arten von Armut, die der Mensch erfahren kann, ist die Einsamkeit. Genau betrachtet haben auch die anderen Arten von Armut, einschließlich der materiellen Armut, ihren Ursprung in der Isolation, im Nicht-geliebt-Sein oder in der Schwierigkeit zu lieben. Oft entstehen die Arten der Armut aus der Zurückweisung der Liebe Gottes, aus einem ursprünglichen tragischen Verschließen des Menschen in sich selbst, der meint, sich selbst genügen zu können oder nur eine unbedeutende und vorübergehende Erscheinung, ein »Fremder« in einem zufällig gebildeten Universum zu sein. Der Mensch ist entfremdet, wenn er allein ist oder sich von der Wirklichkeit ablöst, wenn er darauf verzichtet, an ein Fundament zu denken und zu glauben.[125] Die Menschheit insgesamt ist entfremdet, wenn sie sich bloß menschlichen Plänen, Ideologien und falschen Utopien verschreibt.[126] Heute erscheint die Menschheit interaktiver als gestern: Diese größere Nähe muss zu echter Gemeinschaft werden. Die Entwicklung der Völker hängt vor allem davon ab, sich als eine einzige Familie zu erkennen, die in einer echten Gemeinschaft zusammenarbeitet und von Subjekten gebildet wird, die nicht einfach nebeneinander leben.[127]

Papst Paul VI. bemerkte, dass »die Welt krank ist, weil ihr Gedanken fehlen«.[128] Diese Aussage enthält eine Feststellung, vor allem aber einen Wunsch: Es bedarf eines neuen Schwungs des Denkens, um die Implikationen unseres Familieseins besser zu verstehen; die wechselseitigen Unternehmungen der Völker dieser Erde fordern uns zu diesem Schwung auf, damit die Integration im Zeichen der Solidarität[129] und nicht der Verdrängung vollzogen wird. Ein solches Denken verpflichtet auch zu einer kritischen und beurteilenden Vertiefung der Kategorie der Beziehung. Es handelt sich um eine Aufgabe, die nicht von den Sozialwissenschaften allein durchgeführt werden kann, insofern sie den Beitrag von Wissen wie Metaphysik und Theologie verlangt, um die transzendente Würde des Menschen klar zu begreifen.

Der Mensch als Geschöpf von geistiger Natur verwirklicht sich in den zwischenmenschlichen Beziehungen. Je echter er diese lebt, desto mehr reift auch seine eigene persönliche Identität. Nicht durch Absonderung bringt sich der Mensch selber zur Geltung, sondern wenn er sich in Beziehung zu den anderen und zu Gott setzt. Die Bedeutung solcher Beziehungen wird also grundlegend. Dies gilt auch für die Völker. Ihrer Entwicklung ist daher eine metaphysische Sicht der Beziehung zwischen den Personen sehr zuträglich. Diesbezüglich findet die Vernunft Anregung und Orientierung in der christlichen Offenbarung. Gemäß dieser wird die Person nicht durch die Gemeinschaft der Menschen absorbiert, beziehungsweise ihre Autonomie zunichte gemacht, wie es in den verschiedenen Formen des Totalitarismus geschieht. Vielmehr bringt die Gemeinschaft im christlichen Denken die Person weiter zur Geltung, da die Beziehung zwischen Person und Gemeinschaft der eines Ganzen gegenüber einem anderen Ganzen entspricht.[130] Wie die Gemeinschaft der Familie in sich die Personen, die sie bilden, nicht auflöst und wie die Kirche selbst die »neue Schöpfung« (vgl. Gal 6, 15; 2 Kor 5,17), die durch die Taufe ihrem Leib eingegliedert wird, voll hervorhebt, so löst auch die Einheit der Menschheitsfamilie in sich die Personen, Völker und Kulturen nicht auf, sondern macht sie füreinander transparenter und vereint sie stärker in ihrer legitimen Vielfalt.

54. Das Thema der Entwicklung der Völker fällt mit dem der Einbeziehung aller Personen und Völker in die eine Gemeinschaft der Menschheitsfamilie zusammen, die auf der Basis der Grundwerte der Gerechtigkeit und des Friedens in Solidarität gebildet wird. Diese Sicht findet von der Beziehung der Personen der Dreifaltigkeit in dem einen Göttlichen Wesen her eine klare Erhellung. Die Dreifaltigkeit ist völlige Einheit, insofern die drei Göttlichen Personen reine Beziehung sind. Die gegenseitige Transparenz zwischen den Göttlichen Personen ist völlig und die Verbindung untereinander vollkommen, denn sie bilden eine absolute Einheit und Einzigkeit. Gott will auch uns in diese Wirklichkeit der Gemeinschaft aufnehmen: »denn sie sollen eins sein, wie wir eins sind« (Joh 17,22). Die Kirche ist Zeichen und Werkzeug dieser Einheit.[131] Auch die Beziehungen zwischen Menschen in der Geschichte können nur Nutzen aus dem Bezug auf dieses göttliche Modell ziehen. Insbesondere im Licht des offenbarten Geheimnisses der Dreifaltigkeit versteht man, dass eine echte Öffnung nicht zentrifugale Zerstreuung bedeutet, sondern tiefe Durchdringung. Dies ergibt sich auch aus der gemeinsamen menschlichen Erfahrung der Liebe und der Wahrheit. Wie die sakramentale Liebe die Eheleute geistig als »ein Fleisch« (Gen 2,24; Mt 19,5; Eph 5,31) verbindet und aus den zweien eine echte Einheit in der Beziehung macht, verbindet auf analoge Weise die Wahrheit die Vernunftwesen untereinander und lässt sie im Einklang denken, indem sie sie anzieht und in sich vereint.

55. Die christliche Offenbarung über die Einheit des Menschengeschlechts setzt eine metaphysische Interpretation des humanum voraus, in dem die Fähigkeit zur Beziehung ein wesentliches Element darstellt. Auch andere Kulturen und Religionen lehren Brüderlichkeit und Frieden und sind daher für die ganzheitliche Entwicklung des Menschen von großer Bedeutung. Es fehlen aber nicht religiöse und kulturelle Haltungen, in denen das Prinzip der Liebe und der Wahrheit nicht vollständig angenommen und am Ende so die echte menschliche Entwicklung gebremst oder sogar behindert wird. Die Welt von heute ist von einigen Kulturen mit religiösem Hintergrund durchzogen, die den Menschen nicht zur Gemeinschaft verpflichten, sondern ihn auf der Suche nach dem individuellen Wohl isolieren, indem sie sich darauf beschränken, psychologische Erwartungen zu befriedigen. Auch eine gewisse Verbreitung von religiösen Wegen kleiner Gruppen oder sogar einzelner Personen und der religiöse Synkretismus können Faktoren einer Zerstreuung und eines Mangels an Engagement sein. Ein möglicher negativer Effekt des Globalisierungsprozesses ist die Tendenz, solchen Synkretismus zu begünstigen[132] und dabei Formen von »Religionen« zu nähren, die die Menschen einander entfremden, anstatt sie einander begegnen zu lassen, und sie von der Wirklichkeit entfernen. Gleichzeitig bleiben mitunter kulturelle und religiöse Vermächtnisse weiter bestehen, die die Gesellschaft in feste soziale Kasten eingrenzen, in Formen von magischem Glauben, die die Würde der Person missachten, und in Haltungen der Unterwerfung unter okkulte Mächte. Auf dieser Ebene ist es für die Liebe und die Wahrheit schwierig, sich zu behaupten, was Schaden für die echte Entwicklung mit sich bringt.
Wenn es einerseits wahr ist, dass die Entwicklung die Reli-

gionen und Kulturen der verschiedenen Völker braucht, ist es aus diesem Grund andererseits ebenso wahr, dass eine angemessene Unterscheidung vonnöten ist. Religionsfreiheit bedeutet nicht religiöse Gleichgültigkeit und bringt nicht mit sich, dass alle Religionen gleich sind.[133] Die Unterscheidung hinsichtlich des Beitrags der Kulturen und Religionen zum Aufbau der sozialen Gemeinschaft in der Achtung des Gemeinwohls ist vor allem für den, der politische Gewalt ausübt, erforderlich. Solche Unterscheidung muss sich auf das Kriterium der Liebe und der Wahrheit stützen. Da die Entwicklung der Menschen und der Völker auf dem Spiel steht, wird sie die Möglichkeit der Emanzipation und der Einbeziehung im Hinblick auf eine wirklich universale Gemeinschaft der Menschen berücksichtigen. »Der ganze Mensch und alle Menschen« sind das Kriterium, um auch die Kulturen und die Religionen zu beurteilen. Das Christentum, die Religion des »Gottes, der ein menschliches Angesicht hat«,[134] trägt in sich selbst ein solches Kriterium.

56. Die christliche Religion und die anderen Religionen können ihren Beitrag zur Entwicklung nur leisten, wenn Gott auch im öffentlichen Bereich mit spezifischem Bezug auf die kulturellen, sozialen, wirtschaftlichen und insbesondere politischen Aspekte Platz findet. Die Soziallehre der Kirche ist entstanden, um dieses »Statut des Bürgerrechts«[135] der christlichen Religion geltend zu machen. Die Verweigerung des Rechts, öffentlich die eigene Religion zu bekennen und dafür tätig zu sein, dass auch das öffentliche Leben über die Wahrheiten des Glaubens unterrichtet wird, bringt negative Folgen für die wahre Entwicklung mit sich. Der Ausschluss der Religion vom öffentlichen Bereich wie andererseits der religiöse Fundamentalismus behindern die Begegnung zwi-

schen den Menschen und ihre Zusammenarbeit für den Fortschritt der Menschheit. Das öffentliche Leben verarmt an Motivationen, und die Politik nimmt ein unerträgliches und aggressives Gesicht an. Die Menschenrechte laufen Gefahr, nicht geachtet zu werden, weil sie entweder ihres transzendenten Fundaments beraubt werden oder weil die persönliche Freiheit nicht anerkannt wird. Im Laizismus und im Fundamentalismus verliert man die Möglichkeit eines fruchtbaren Dialogs und einer gewinnbringenden Zusammenarbeit zwischen Vernunft und religiösem Glauben. Die Vernunft bedarf stets der Reinigung durch den Glauben, und dies gilt auch für die politische Vernunft, die sich nicht für allmächtig halten darf. Die Religion bedarf ihrerseits stets der Reinigung durch die Vernunft, um ihr echtes menschliches Antlitz zu zeigen. Der Abbruch dieses Dialogs ist mit einem schwer lastenden Preis für die Entwicklung der Menschheit verbunden.

57. Der fruchtbare Dialog zwischen Glaube und Vernunft kann nur das Werk der sozialen Nächstenliebe wirksamer machen und bildet den sachgemäßen Rahmen, um die brüderliche Zusammenarbeit zwischen Gläubigen und Nichtgläubigen in der gemeinsamen Sicht, für die Gerechtigkeit und den Frieden der Menschheit zu arbeiten, zu fördern. In der Pastoralkonstitution *Gaudium et spes* sagten die Konzilsväter: »Es ist fast einmütige Auffassung der Gläubigen und Nichtgläubigen, dass alles auf Erden auf den Menschen als seinen Mittel- und Höhepunkt hinzuordnen ist«.[136] Für die Gläubigen ist die Welt nicht das Produkt des Zufalls noch der Notwendigkeit, sondern eines Planes Gottes. Von daher kommt die Pflicht der Gläubigen, ihre Bemühungen mit allen Menschen guten Willens – Angehörige anderer Religionen

oder Nichtgläubige – zu vereinen, damit unsere Welt wirklich dem göttlichen Plan entspricht: als eine Familie unter dem Blick des Schöpfers zu leben. Besonderes Zeichen der Liebe und Leitkriterium für die brüderliche Zusammenarbeit von Gläubigen und Nichtgläubigen ist ganz sicher das Prinzip der Subsidiarität,[137] Ausdruck der unveräußerlichen Freiheit des Menschen. Die Subsidiarität ist vor allem eine Hilfe für die Person durch die Autonomie der mittleren Gruppen und Verbände. Solche Hilfe wird geboten, wenn die Person und die sozialen Subjekte es nicht aus eigener Kraft schaffen, und schließt immer emanzipatorische Zielsetzungen ein, da sie die Freiheit und die Partizipation, insofern sie Übernahme von Verantwortung ist, fördert. Die Subsidiarität achtet die Würde der Person, in der sie ein Subjekt sieht, das immer imstande ist, anderen etwas zu geben. Indem sie in der Gegenseitigkeit die innerste Verfassung des Menschen anerkennt, ist die Subsidiarität das wirksamste Gegenmittel zu jeder Form eines bevormundenden Sozialsystems. Sie kann sowohl die vielfache Gliederung der Ebenen und daher der Vielfalt der Subjekte erklären als auch ihre Koordinierung. Es handelt sich demnach um ein besonders geeignetes Prinzip, um die Globalisierung zu lenken und sie auf eine echte menschliche Entwicklung auszurichten. Um nicht eine gefährliche universale Macht monokratischer Art ins Leben zu rufen, muss die Steuerung der Globalisierung von subsidiärer Art sein, und zwar in mehrere Stufen und verschiedene Ebenen gegliedert, da sie die Frage nach einem globalen Gemeingut aufwirft, das zu verfolgen ist; eine solche Autorität muss aber auf subsidiäre und polyarchische Art und Weise organisiert sein,[138] um die Freiheit nicht zu verletzen und sich konkret wirksam zu erweisen.

58. Das Prinzip der Subsidiarität muss in enger Verbindung mit dem Prinzip der Solidarität gewahrt werden und umgekehrt. Denn wenn die Subsidiarität ohne die Solidarität in einen sozialen Partikularismus abrutscht, so ist ebenfalls wahr, dass die Solidarität ohne die Subsidiarität in ein Sozialsystem abrutscht, das den Bedürftigen erniedrigt. Diese Regel allgemeiner Art muss ebenso sehr beachtet werden, wenn Fragen bezüglich internationaler Entwicklungshilfen angegangen werden. Diese können jenseits der Absichten der Geber mitunter ein Volk in einer Lage der Abhängigkeit halten oder sogar Situationen von lokaler Herrschaft und Ausbeutung innerhalb des Hilfeempfängerlandes begünstigen. Damit die Wirtschaftshilfen auch wirklich solche sind, dürfen sie keine Hintergedanken verfolgen. Sie müssen unter Miteinbeziehung nicht nur der Regierungen der betroffenen Länder geleistet werden, sondern auch der örtlichen Wirtschaftstreibenden und der Kulturträger der Zivilgesellschaft, einschließlich der örtlichen Kirchen. Die Hilfsprogramme müssen in immer größerem Ausmaß die Merkmale von Programmen annehmen, die Ergänzung und Partizipation von unten einbeziehen. Es ist nämlich wahr, dass in den Ländern, die Entwicklungshilfe empfangen, die größte hervorzuhebende Ressource der Reichtum an Menschen ist: Das ist das echte Kapital, das wachsen muss, um den ärmsten Ländern eine wahre autonome Zukunft zu sichern. Es ist auch daran zu erinnern, dass auf wirtschaftlichem Gebiet die Haupthilfe, derer die Entwicklungsländer bedürfen, darin besteht, die schrittweise Eingliederung ihrer Produkte auf den Weltmärkten zu erlauben und zu fördern und so ihre volle Teilnahme am internationalen Wirtschaftsleben zu ermöglichen. Zu oft haben in der Vergangenheit die Hilfen dazu genützt, nur Nebenmärkte für die Produkte dieser Län-

der zu schaffen. Dies ist oft vom Fehlen einer echten Nachfrage nach diesen Produkten bedingt: Daher ist es notwendig, diesen Ländern zu helfen, ihre Produkte zu verbessern und sie besser der Nachfrage anzupassen. Überdies haben einige oft die Konkurrenz der Einfuhr von – normalerweise landwirtschaftlichen – Produkten aus den wirtschaftlich ärmeren Ländern gefürchtet. Dennoch muss daran erinnert werden, dass für diese Länder die Möglichkeit zur Vermarktung solcher Produkte sehr oft bedeutet, ihr Überleben auf kurze und lange Zeit zu sichern. Ein gerechter und ausgeglichener Welthandel im Agrarbereich kann für alle Vorteile bringen, sowohl auf Seiten des Angebots wie der Nachfrage. Aus diesem Grund ist es nicht nur notwendig, diese Produktionen kommerziell auszurichten, sondern Welthandelsregeln festzulegen, die sie unterstützen, und die Finanzierungen für die Entwicklung zu verstärken, um diese Wirtschaften produktiver zu machen.

59. Die Entwicklungszusammenarbeit darf nicht die wirtschaftliche Dimension allein betreffen; sie muss eine gute Gelegenheit zur kulturellen und menschlichen Begegnung werden. Wenn die Träger der Kooperation in den wirtschaftlich entwickelten Ländern nicht der eigenen und der fremden kulturellen und auf menschlichen Werten gründenden Identität Rechnung tragen, wie es mitunter geschieht, können sie keinen tiefen Dialog mit den Bürgern der armen Ländern aufnehmen. Wenn Letztere ihrerseits sich gleichgültig und unterschiedslos jedem kulturellen Angebot öffnen, sind sie nicht in der Lage, die Verantwortung für ihre echte Entwicklung zu übernehmen.[139] Die technologisch fortgeschrittenen Gesellschaften dürfen die eigene technologische Entwicklung nicht mit einer vermeintlichen kulturellen

Überlegenheit verwechseln, sondern müssen bei sich selber zuweilen vergessene Tugenden wiederentdecken, die ihnen eine Blüte in der Geschichte gebracht haben. Die aufstrebenden Gesellschaften müssen dem treu bleiben, was in ihren Traditionen an echt Menschlichem vorhanden ist, indem sie eine automatische Überlagerung mit den Mechanismen der globalisierten technologischen Zivilisation vermeiden. In allen Kulturen gibt es besondere und vielfältige ethische Übereinstimmungen, die Ausdruck derselben menschlichen, vom Schöpfer gewollten Natur sind und die von der ethischen Weisheit der Menschheit Naturrecht genannt wird.[140] Ein solches universales Sittengesetz ist die feste Grundlage eines jeden kulturellen, religiösen und politischen Dialogs und erlaubt dem vielfältigen Pluralismus der verschiedenen Kulturen, sich nicht von der gemeinsamen Suche nach dem Wahren und Guten und nach Gott zu lösen. Die Zustimmung zu diesem in die Herzen eingeschriebenen Gesetz ist daher die Voraussetzung für jede konstruktive soziale Zusammenarbeit. In allen Kulturen gibt es Beschwerliches, von dem man sich befreien, und Schatten, denen man sich entziehen muss. Der christliche Glaube, der in den Kulturen Gestalt annimmt und sie dabei transzendiert, kann ihnen helfen, in universaler Gemeinschaft und Solidarität zum Vorteil der gemeinsamen weltweiten Entwicklung zu wachsen.

60. Bei der Suche nach Lösungen in der gegenwärtigen Wirtschaftskrise muss die Entwicklungshilfe für die armen Länder als ein echtes Mittel zur Vermögensschaffung für alle angesehen werden. Welches andere Hilfsprojekt kann eine selbst für die Weltwirtschaft so bedeutende Wertsteigerung in Aussicht stellen wie die Unterstützung von Völkern, die

sich noch in einer Anfangsphase oder wenig fortgeschrittenen Phase ihres wirtschaftlichen Entwicklungsprozesses befinden? Aus diesem Blickwinkel werden die wirtschaftlich mehr entwickelten Länder das Mögliche tun, um höhere Sätze ihres Bruttoinlandprodukts für die Entwicklungshilfe bereitzustellen, wobei natürlich die auf der Ebene der internationalen Gemeinschaft übernommenen Verpflichtungen einzuhalten sind. Sie können dies unter anderem durch eine Revision der Politik der Fürsorge und sozialen Solidarität in ihrem Inneren tun, indem sie das Prinzip der Subsidiarität anwenden und besser integrierte Systeme sozialer Vorsorge mit aktiver Teilnahme der Privatpersonen und der Zivilgesellschaft schaffen. Auf diese Weise ist es sogar möglich, die Sozial- und Fürsorgeleistungen zu verbessern und gleichzeitig Geldmittel zu sparen – auch unter Beseitigung von Verschwendungen und missbräuchlichen Bezügen –, die für die internationale Solidarität zu bestimmen sind. Ein System sozialer Solidarität, das eine größere Beteiligung kennt und organischer aufgebaut ist, das weniger bürokratisch, aber nicht weniger koordiniert ist, würde es erlauben, viele heute schlummernde Energien auch zum Nutzen der Solidarität unter den Völkern zur Geltung zu bringen.
Eine Möglichkeit der Entwicklungshilfe könnte auf der wirksamen Anwendung der sogenannten steuerlichen Subsidiarität beruhen, die es den Bürgern gestatten würde, über den Bestimmungszweck von Anteilen ihrer dem Staat erbrachten Steuern zu entscheiden. Wenn partikularistische Ausartungen vermieden werden, kann dies dazu verhelfen, Formen sozialer Solidarität von unten zu fördern, wobei offensichtliche Vorteile auch auf Seiten der Solidarität für die Entwicklung bestehen.

61. Eine auf internationaler Ebene breitere Solidarität drückt sich vor allem in der weiteren Förderung – selbst unter den Verhältnissen einer Wirtschaftskrise – eines größeren Zugangs zur Bildung aus, die andererseits eine wesentliche Bedingung für die Wirksamkeit der internationalen Zusammenarbeit selber ist. Der Begriff »Bildung« bezieht sich nicht allein auf Unterricht und Ausbildung zum Beruf, die beide wichtige Gründe für die Entwicklung sind, sondern auf die umfassende Formung der Person. Diesbezüglich ist ein problematischer Aspekt hervorzuheben: Bei der Erziehung muss man wissen, was die menschliche Person ist, und ihre Natur kennen. Die Behauptung einer relativistischen Sicht dieser Natur stellt die Erziehung, vor allem die moralische Erziehung, vor ernste Probleme, indem sie ihre erweiterte Bedeutung auf universaler Ebene beeinträchtigt. Wenn man einem solchen Relativismus nachgibt, werden alle ärmer, was negative Auswirkungen auch auf die Wirksamkeit der Hilfe für die notleidenden Völker hat, die nicht nur der wirtschaftlichen und technischen Mittel bedürfen, sondern auch pädagogische Möglichkeiten und Mittel brauchen, die die Personen in ihrer vollen menschlichen Verwirklichung unterstützen.
Ein Beispiel für die Bedeutung dieses Problems bietet uns das Phänomen des internationalen Tourismus,[141] der einen beträchtlichen Faktor für die wirtschaftliche Entwicklung und das kulturelle Wachstum darstellen kann, sich aber auch in eine Gelegenheit zu Ausbeutung und moralischem Verfall verwandeln kann. Die gegenwärtige Situation bietet außergewöhnliche Möglichkeiten, denn die wirtschaftlichen Aspekte der Entwicklung, das heißt die Geldflüsse und der Anfang bedeutender unternehmerischer Erfahrungen vor Ort, können sich mit den kulturellen Aspekten, in erster

Linie mit jenem der Bildung, verbinden. In vielen Fällen geschieht dies, aber in vielen anderen ist der internationale Tourismus ein in erzieherischer Hinsicht verderbliches Ereignis sowohl für den Touristen als auch für die örtliche Bevölkerung. Letztere wird oft mit unmoralischem oder sogar perversem Verhalten konfrontiert, wie es beim sogenannten Sextourismus der Fall ist, dem viele Menschen, selbst in jugendlichem Alter, zum Opfer fallen. Es ist schmerzlich festzustellen, dass dies sich oft mit Zustimmung der örtlichen Regierungen, mit dem Schweigen der Regierungen der Herkunftsländer der Touristen und in Komplizenschaft vieler, die in der Branche tätig sind, abspielt. Auch wenn es nicht zu solchen Auswüchsen kommt, wird der internationale Tourismus nicht selten als Konsum und in hedonistischer Form gelebt, als Flucht und unter den für die Herkunftsländer typischen Bedingungen organisiert, so dass eine echte Begegnung mit den Menschen und der Kultur nicht begünstigt wird. Man muss daher an einen anderen Tourismus denken, der in der Lage ist, ein echtes gegenseitiges Kennenlernen zu fördern, ohne der Erholung und dem gesunden Vergnügen Raum wegzunehmen: Ein Tourismus dieser Art muss – auch dank einer engeren Verbindung der Erfahrung von internationaler Zusammenarbeit und zugunsten der Entwicklung – gefördert werden.

62. Ein anderer Aspekt, der in Bezug auf die ganzheitliche menschliche Entwicklung Beachtung verdient, ist das Phänomen der Migrationen. Dieses Phänomen erschüttert einen wegen der Menge der betroffenen Personen, wegen der sozialen, wirtschaftlichen, politischen, kulturellen und religiösen Probleme, die es aufwirft, wegen der dramatischen Herausforderungen, vor die es die Nationen und die inter-

nationale Gemeinschaften stellt. Wir können sagen, dass wir vor einem sozialen Phänomen epochaler Art stehen, das eine starke und weitblickende Politik der internationalen Kooperation verlangt, um es in angemessener Weise anzugehen. Eine solche Politik muss ausgehend von einer engen Zusammenarbeit zwischen Herkunfts- und Aufnahmeländern der Migranten entwickelt werden; sie muss mit angemessenen internationalen Bestimmungen einhergehen, die imstande sind, die verschiedenen gesetzgeberischen Ordnungen in Einklang zu bringen in der Aussicht, die Bedürfnisse und Rechte der ausgewanderten Personen und Familien sowie zugleich der Zielgesellschaften der Emigranten selbst zu schützen. Kein Land kann sich allein dazu imstande sehen, den Migrationsproblemen unserer Zeit zu begegnen. Wir alle sind Zeugen der Last an Leid, Entbehrung und Hoffnung, die mit den Migrationsströmen einhergeht. Das Phänomen zu steuern ist, bekanntermaßen komplex; dennoch steht fest, dass die Fremdarbeiter trotz der Schwierigkeiten im Zusammenhang mit ihrer Integration durch ihre Arbeit einen bedeutenden Beitrag zur wirtschaftlichen Entwicklung des Gastlandes leisten und darüber hinaus dank der Geldsendungen auch einem Beitrag zur Entwicklung ihrer Ursprungsländer erbringen. Offensichtlich können diese Arbeitnehmer nicht als Ware oder reine Arbeitskraft angesehen werden. Sie dürfen folglich nicht wie irgendein anderer Produktionsfaktor behandelt werden. Jeder Migrant ist eine menschliche Person, die als solche unveräußerliche Grundrechte besitzt, die von allen und in jeder Situation respektiert werden müssen.[142]

63. Bei der Betrachtung der Probleme der Entwicklung kann man nicht anders, als den direkten Zusammenhang zwi-

schen Armut und Arbeitslosigkeit hervorzuheben. In vielen Fällen sind die Armen das Ergebnis der Verletzung der Würde der menschlichen Arbeit, da sowohl ihre Möglichkeiten beschränkt werden (Arbeitslosigkeit, Unterbeschäftigung) als auch »die Rechte, die sich aus ihr ergeben, vor allem das Recht auf angemessene Entlohnung und auf die Sicherheit der Person des Arbeitnehmers und seiner Familie, entleert werden«.[143] Deswegen hat mein Vorgänger seligen Angedenkens Johannes Paul II. schon am 1. Mai 2000 anlässlich des Jubiläums der Arbeiter zu einer »weltweiten Koalition für würdige Arbeit«[144] aufgerufen und dabei die Strategie der Internationalen Arbeitsorganisation gefördert. Auf diese Weise hat er diesem Ziel als Bestrebung der Familien in allen Ländern der Welt eine starke moralische Bestätigung verliehen. Was bedeutet das Wort »Würde« auf die Arbeit angewandt? Es bedeutet eine Arbeit, die in jeder Gesellschaft Ausdruck der wesenseigenen Würde jedes Mannes und jeder Frau ist: eine frei gewählte Arbeit, die die Arbeitnehmer, Männer und Frauen, wirksam an der Entwicklung ihrer Gemeinschaft teilhaben lässt; eine Arbeit, die auf diese Weise den Arbeitern erlaubt, ohne jede Diskriminierung geachtet zu werden; eine Arbeit, die es gestattet, die Bedürfnisse der Familie zu befriedigen und die Kinder zur Schule zu schicken, ohne dass diese selber gezwungen sind zu arbeiten; eine Arbeit, die den Arbeitnehmern erlaubt, sich frei zu organisieren und ihre Stimme zu Gehör zu bringen; eine Arbeit, die genügend Raum lässt, um die eigenen persönlichen, familiären und spirituellen Wurzeln wiederzufinden; eine Arbeit, die den in die Rente eingetretenen Arbeitnehmern würdige Verhältnisse sichert.

64. Beim Nachdenken über das Thema Arbeit ist auch ein Hinweis auf den dringenden Bedarf angebracht, dass die Gewerkschaftsorganisationen der Arbeiternehmer, die von der Kirche stets gefördert und unterstützt wurden, sich den neuen Perspektiven öffnen, die im Bereich der Arbeit auftauchen. In Überwindung der eigenen Grenzen der kategorialen Gewerkschaften sind die Gewerkschaftsorganisationen dazu aufgerufen, sich um die neuen Probleme unserer Gesellschaft zu kümmern: Ich beziehe mich zum Beispiel auf die Gesamtheit der Fragen, die die Sozialwissenschaftler im Konflikt zwischen Arbeitnehmer und Konsument ermitteln. Ohne notwendigerweise die These eines erfolgten Übergangs von der zentralen Rolle des Arbeiters zu der des Konsumenten vertreten zu müssen, scheint es jedenfalls, dass auch das ein Gebiet für innovative Gewerkschaftserfahrungen ist. Der globale Rahmen, in dem die Arbeit ausgeübt wird, verlangt auch, dass die nationalen Gewerkschaftsorganisationen, die sich vorwiegend auf die Verteidigung der Interessen der eigenen Mitglieder beschränken, den Blick ebenso auf die Nichtmitglieder richten und insbesondere auf die Arbeitnehmer in den Entwicklungsländern, wo die Sozialrechte oft verletzt werden. Die Verteidigung dieser Erwerbstätigen, die auch durch geeignete Initiativen gegenüber ihren Herkunftsländern gefördert wird, erlaubt den Gewerkschaftsorganisationen, die echten ethischen und kulturellen Gründe hervorzuheben, die es ihnen unter anderen sozialen und Arbeitszusammenhängen gestattet haben, ein entscheidender Faktor für die Entwicklung zu sein. Stets bleibt die traditionelle Lehre der Kirche gültig, die eine Rollen- und Aufgabenunterscheidung von Gewerkschaft und Politik vorschlägt. Diese Unterscheidung erlaubt den Gewerkschaftsorganisationen, in der Zivilgesellschaft jenen

Bereich herauszufinden, der am meisten ihrer Tätigkeit entspricht, für die notwendige Verteidigung und Förderung der Arbeitswelt vor allem zugunsten der ausgebeuteten und nicht vertretenen Arbeitnehmer Sorge zu tragen, deren bittere Lage dem zerstreuten Blick der Gesellschaft oft entgeht.

65. Ferner bedarf das Finanzwesen als solches einer notwendigen Erneuerung der Strukturen und Bestimmungen seiner Funktionsweisen, deren schlechte Anwendung die Realwirtschaft zuvor geschädigt hat. Auf diese Weise kann es dann wieder ein auf die bessere Vermögensschaffung und auf die Entwicklung zielgerichtetes Instrument werden. Die ganze Wirtschaft und das ganze Finanzwesen – nicht nur einige ihrer Bereiche – müssen nach ethischen Maßstäben als Werkzeuge gebraucht werden, so dass sie angemessene Bedingungen für die Entwicklung des Menschen und der Völker schaffen. Es ist gewiss nützlich und unter manchen Umständen unerlässlich, Finanzinitiativen ins Leben zu rufen, bei denen die humanitäre Dimension vorherrscht. Dies darf aber nicht vergessen lassen, dass das Finanzsystem insgesamt auf die Unterstützung einer echten Entwicklung zielgerichtet sein muss. Vor allem darf die Absicht, Gutes zu tun, nicht der Intention nach der tatsächlichen Güterproduktionskapazität gegenübergestellt werden. Die Finanzmakler müssen die eigentlich ethische Grundlage ihrer Tätigkeit wieder entdecken, um nicht jene hoch entwickelten Instrumente zu missbrauchen, die dazu dienen können, die Sparer zu betrügen. Redliche Absicht, Transparenz und die Suche nach guten Ergebnissen sind miteinander vereinbar und dürfen nie voneinander gelöst werden. Wenn die Liebe klug ist, kann sie auch die Mittel finden, um gemäß einer weitblickenden und gerechten Wirtschaftlichkeit zu han-

deln, wie viele Erfahrungen auf dem Gebiet der Kreditgenossenschaften deutlich unterstreichen.
Sowohl eine Regulierung des Bereichs, welche die schwächeren Subjekte absichert und skandalöse Spekulationen verhindert, als auch der Versuch neuer Finanzformen, die zur Förderung von Entwicklungsprojekten bestimmt sind, bedeuten positive Erfahrungen, die vertieft und gefördert werden müssen und zugleich an die Eigenverantwortung des Sparers appellieren. Auch die Erfahrung des Mikrofinanzwesens, das seine eigenen Wurzeln in den Überlegungen und Werken der bürgerlichen Humanisten hat – ich denke vor allem an das Entstehen der Leihhäuser –, muss bestärkt und ausgearbeitet werden, besonders in diesen Momenten, wo die Finanzprobleme für viele verwundbarere Teile der Bevölkerung, die vor den Risiken von Wucher oder vor der Hoffnungslosigkeit geschützt werden müssen, dramatisch werden können. Die schwächeren Subjekte müssen angeleitet werden, sich vor dem Wucher zu verteidigen. Ebenso sind die armen Völker darin zu schulen, realen Nutzen aus dem Mikrokredit zu ziehen. Auf diese Weise werden die Möglichkeiten von Ausbeutung in diesen zwei Bereichen gebremst. Da es auch in den reichen Ländern neue Formen von Armut gibt, kann das Mikrofinanzwesen Hilfen geben, neue Initiativen und Bereiche zugunsten der schwachen Gesellschaftsschichten selbst in Phasen einer möglichen Verarmung der Gesellschaft zu schaffen.

66. Die weltweite Vernetzung hat eine neue politische Macht aufsteigen lassen, und zwar jene der Konsumenten und ihrer Verbände. Es handelt sich um ein Phänomen, das eingehend zu studieren ist, weil es positive Elemente enthält, die gefördert werden müssen, wie auch Übertreibungen, die

zu vermeiden sind. Es ist gut, dass sich die Menschen bewusst werden, dass das Kaufen nicht nur ein wirtschaftlicher Akt, sondern immer auch eine moralische Handlung ist. Die Konsumenten haben daher eine klare soziale Verantwortung, die mit der sozialen Verantwortung des Unternehmens einhergeht. Sie müssen ständig zu der Rolle erzogen werden,[145] die sie täglich ausüben und die sie in der Achtung vor den moralischen Grundsätzen ausführen können, ohne die eigene wirtschaftliche Vernünftigkeit des Kaufakts herabzusetzen. Gerade in Zeiten wie denen, die wir erleben, wo die Kaufkraft sich verringern könnte und man sich beim Konsum mäßigen sollte, ist es auch im Bereich des Erwerbs notwendig, andere Wege zu beschreiten, wie zum Beispiel die Formen von Einkaufskooperativen wie die Konsumgenossenschaften, die seit dem neunzehnten Jahrhundert auch dank der Initiative von Katholiken tätig sind. Ferner ist es nützlich, neue Formen der Vermarktung von Produkten, die aus unterdrückten Gebieten der Erde stammen, zu fördern, um den Erzeugern einen annehmbaren Lohn zu sichern unter der Bedingung, dass es sich wirklich um einen transparenten Markt handelt, dass die Erzeuger nicht nur eine höhere Gewinnspanne, sondern auch eine bessere Ausbildung, Professionalität und Technologie erhalten und dass sich schließlich mit solchen Wirtschaftserfahrungen für die Entwicklung nicht parteiideologische Ansichten verbinden. Eine wirksamere Rolle der Verbraucher, wenn diese selbst nicht von Verbänden manipuliert werden, die sie nicht wirklich vertreten, ist als Faktor einer wirtschaftlichen Demokratie wünschenswert.

67. Gegenüber der unaufhaltsamen Zunahme weltweiter gegenseitiger Abhängigkeit wird gerade auch bei einer

ebenso weltweit anzutreffenden Rezession stark die Dringlichkeit einer Reform sowohl der Organisation der Vereinten Nationen als auch der internationalen Wirtschafts- und Finanzgestaltung empfunden, damit dem Konzept einer Familie der Nationen reale und konkrete Form gegeben werden kann. Desgleichen wird als dinglich gesehen, innovative Formen zu finden, um das Prinzip der Schutzverantwortung[146] anzuwenden und um auch den ärmeren Nationen eine wirksame Stimme in den gemeinschaftlichen Entscheidungen zuzuerkennen. Dies scheint gerade im Hinblick auf eine politische, rechtliche und wirtschaftliche Ordnung notwendig, die die internationale Zusammenarbeit auf die solidarische Entwicklung aller Völker hin fördert und ausrichtet. Um die Weltwirtschaft zu steuern, die von der Krise betroffenen Wirtschaften zu sanieren, einer Verschlimmerung der Krise und sich daraus ergebenden Ungleichgewichten vorzubeugen, um eine geeignete vollständige Abrüstung zu verwirklichen, die Sicherheit und den Frieden zu nähren, den Umweltschutz zu gewährleisten und die Migrationsströme zu regulieren, ist das Vorhandensein einer echten politischen Weltautorität, wie sie schon von meinem Vorgänger, dem seligen Papst Johannes XXIII., angesprochen wurde, dringend nötig. Eine solche Autorität muss sich dem Recht unterordnen, sich auf konsequente Weise an die Prinzipien der Subsidiarität und Solidarität halten, auf die Verwirklichung des Gemeinwohls hingeordnet sein,[147] sich für die Verwirklichung einer echten ganzheitlichen menschlichen Entwicklung einsetzen, die sich von den Werten der Liebe in der Wahrheit inspirieren lässt. Darüber hinaus muss diese Autorität von allen anerkannt sein, über wirksame Macht verfügen, um für jeden Sicherheit, Wahrung der Gerechtigkeit und Achtung der Rechte zu gewährleisten.[148] Offensichtlich muss sie die Befugnis besitzen, gegenüber den Parteien den eigenen Entscheidungen wie auch den in den verschiedenen internationalen Foren getroffenen abgestimmten Maßnahmen Beachtung zu verschaffen. In Ermangelung dessen würde nämlich das internationale Recht trotz der großen Fortschritte, die auf den verschiedenen Gebieten erzielt worden sind, Gefahr laufen, vom Kräftegleichgewicht der Stärkeren bestimmt zu werden. Die ganzheitliche Entwicklung der Völker und die internationale Zusammenarbeit erfordern, dass eine übergeordnete Stufe internationaler Ordnung von subsidiärer Art für die Steuerung der Globalisierung errichtet wird[149] und dass eine der moralischen Ordnung entsprechende Sozialordnung sowie jene Verbindung zwischen moralischem und sozialem Bereich, zwischen Politik und wirtschaftlichem und zivilem Bereich, die schon in den Statuten der Vereinten Nationen dargelegt wurde, endlich verwirklicht werden.

Sechstes Kapitel
DIE ENTWICKLUNG DER VÖLKER UND DIE TECHNIK

68. Das Thema der Entwicklung der Völker ist eng mit dem der Entwicklung jedes einzelnen Menschen verbunden. Der Mensch ist von seiner Natur aus in dynamischer Weise auf die eigene Entwicklung ausgerichtet. Dabei handelt es sich nicht um eine von natürlichen Mechanismen gewährleistete Entwicklung, denn jeder von uns weiß, dass er imstande ist, freie und verantwortungsvolle Entscheidungen zu treffen. Es handelt sich auch nicht um eine Entwicklung, die unserer Willkür überlassen ist, da wir alle wissen, dass wir Geschenk sind und nicht Ergebnis einer Selbsterzeugung. Die Freiheit ist in uns ursprünglich von unserem Sein und dessen Grenzen bestimmt. Niemand formt eigenmächtig das eigene Bewusstsein, sondern alle bauen das eigene »Ich« auf der Grundlage eines »Selbst« auf, das uns gegeben ist. Wir können über andere Menschen und auch über uns selbst nicht verfügen. Die Entwicklung des Menschen verkommt, wenn er sich anmaßt, sein eigener und einziger Hervorbringer zu sein. Ähnlich gerät die Entwicklung der Völker aus den Bahnen, wenn die Menschheit meint, sich wiedererschaffen zu können, wenn sie sich der »Wunder« der Technik bedient. So wie sich die wirtschaftliche Entwicklung als trügerisch und schädlich herausstellt, wenn sie sich den »Wundern« der Finanzwelt anvertraut, um ein unnatürliches und konsumorientiertes Wachstum zu unterstützen. Gegenüber dieser prometheischen Anmaßung müssen wir die Liebe zu einer Freiheit stärken, die nicht willkürlich ist, sondern durch die Anerkennung des ihr vorausgehenden Guten

menschlicher geworden ist. Dazu muss der Mensch sich wieder zu sich kommen, um die Grundnormen des natürlichen Sittengesetzes zu erkennen, das Gott ihm ins Herz geschrieben hat.

69. Das Problem der Entwicklung ist heute eng mit dem technologischen Fortschritt und mit dessen erstaunlichen Anwendungen im Bereich der Biologie verbunden. Die Technik – das sei hier unterstrichen – ist eine zutiefst menschliche Erscheinung, die an die Autonomie und Freiheit des Menschen geknüpft ist. In der Technik kommt zum Ausdruck und bestätigt sich die Herrschaft des Geistes über die Materie. »Der Geist des Menschen kann sich, von der Versklavung unter die Sachwelt befreit, ungehinderter zur Kontemplation und Anbetung des Schöpfers erheben«.[150] Die Technik gestattet es, die Materie zu beherrschen, die Risiken zu verringern, Mühe zu sparen, die Lebensbedingungen zu verbessern. Sie entspricht der eigentlichen Berufung der menschlichen Arbeit: In der Technik, die als Werk seines Geistes gesehen wird, erkennt der Mensch sich selbst und verwirklicht das eigene Menschsein. Die Technik ist der objektive Aspekt der menschlichen Arbeit,[151] deren Ursprung und Daseinsberechtigung im subjektiven Element liegt: dem arbeitenden Menschen. Darum ist die Technik niemals nur Technik. Sie zeigt den Menschen und sein Streben nach Entwicklung, sie ist Ausdruck der Spannung des menschlichen Geistes bei der schrittweisen Überwindung gewisser materieller Bedingtheiten. Die Technik fügt sich daher in den Auftrag ein, »die Erde zu bebauen und zu hüten« (vgl. Gen 2,15), den Gott dem Menschen erteilt hat, und muss darauf ausgerichtet sein, jenen Bund zwischen Mensch und Umwelt zu stärken, der Spiegel der schöpferischen Liebe Gottes sein soll.

70. Die technologische Entwicklung kann zur Idee verleiten, dass sich die Technik selbst genügt, wenn der Mensch sich nur die Frage nach dem Wie stellt und die vielen Warum unbeachtet lässt, von denen er zum Handeln angespornt wird. Das ist der Grund dafür, dass die Technik ein zwiespältiges Gesicht annimmt. Da sie aus der menschlichen Kreativität als dem Werkzeug der Freiheit der Person hervorgegangen ist, kann die Technik als Element absoluter Freiheit verstanden werden, jener Freiheit, die von den Grenzen absehen will, die die Dinge in sich tragen. Der Globalisierungsprozess könnte die Ideologien durch die Technik ersetzen,[152] die selbst zu einer ideologischen Macht geworden ist und die Menschheit der Gefahr aussetzt, sich in einem Apriori eingeschlossen zu finden, aus dem sie nicht ausbrechen kann, um dem Sein und der Wahrheit zu begegnen. In diesem Fall würden wir alle unsere Lebensumstände innerhalb eines technokratischen Kulturhorizonts, dem wir strukturell angehören würden, erkennen, einschätzen und bestimmen, ohne je einen Sinn finden zu können, den wir nicht selbst erzeugt haben. Diese Vorstellung macht heute die technizistische Mentalität so stark, dass sie das Wahre mit dem Machbaren zusammenfallen lässt. Wenn aber die Effizienz und der Nutzen das einzige Kriterium der Wahrheit sind, wird automatisch die Entwicklung geleugnet. Denn die echte Entwicklung besteht nicht in erster Linie im Tun. Schlüssel der Entwicklung ist ein Verstand, der in der Lage ist, die Technik zu durchdenken und den zutiefst menschlichen Sinn des Tuns des Menschen im Sinnhorizont der in der Gesamtheit ihres Seins genommenen Person zu erfassen. Auch wenn der Mensch durch einen Satelliten oder einen ferngesteuerten elektronischen Impuls tätig ist, bleibt sein Tun immer menschlich, Ausdruck verantwortlicher Frei-

heit. Die Technik wirkt auf den Menschen sehr anziehend, weil sie ihn den physischen Beschränkungen entreißt und seinen Horizont erweitert. Aber die menschliche Freiheit ist nur dann im eigentlichen Sinn sie selbst, wenn sie auf den Zauber der Technik mit Entscheidungen antwortet, die Frucht moralischer Verantwortung sind. Daraus ergibt sich die Dinglichkeit einer Erziehung zur sittlichen Verantwortung im Umgang mit der Technik. Ausgehend von der Faszination, die die Technik auf den Menschen ausübt, muss man den wahren Sinn der Freiheit wiedergewinnen, die nicht in der Trunkenheit einer totalen Autonomie besteht, sondern in der Antwort auf den Aufruf des Seins, angefangen bei dem Sein, das wir selbst sind.

71. Dieses mögliche Abweichen der technischen Denkweise von ihrem ursprünglichen humanistischen Lauf ist heute in den Phänomenen der Technisierung sowohl der Entwicklung wie des Friedens offenkundig. Häufig wird die Entwicklung der Völker als eine Frage der Finanzierungstechnik, der Öffnung der Märkte, der Zollsenkung, der Produktionsinvestitionen, der institutionellen Reformen – letztlich als eine rein technische Frage gesehen. Alle diese Bereiche sind äußerst wichtig, aber man muss sich fragen, warum die Entscheidungen technischer Art bis jetzt nur einigermaßen funktioniert haben. Der Grund dafür muss tiefer gesucht werden. Die Entwicklung wird niemals von gleichsam automatischen und unpersönlichen Kräften – seien es jene des Marktes oder jene der internationalen Politik – vollkommen garantiert werden. Ohne rechtschaffene Menschen, ohne Wirtschaftsfachleute und Politiker, die in ihrem Gewissen den Aufruf zum Gemeinwohl nachdrücklich leben, ist die Entwicklung nicht möglich. Sowohl die berufliche Vorberei-

tung wie die moralische Konsequenz sind vonnöten. Wenn sich die Verabsolutierung der Technik durchsetzt, kommt es zu einer Verwechslung von Zielen und Mitteln; der Unternehmer wird als einziges Kriterium für sein Handeln den höchsten Gewinn der Produktion ansehen; der Politiker die Festigung der Macht; der Wissenschaftler das Ergebnis seiner Entdeckungen. So geschieht es, dass oft unter dem Netz der Wirtschafts-, Finanz- oder politischen Beziehungen Unverständnis, Unbehagen und Ungerechtigkeiten weiterbestehen; die Ströme technischen Fachwissens vervielfachen sich, allerdings zum Vorteil ihrer Eigentümer, während die tatsächliche Situation der Völker, die jenseits und fast immer im Schatten dieser Ströme leben, weiter unverändert und ohne reale Emanzipationsmöglichkeiten bleibt.

72. Auch der Friede läuft mitunter Gefahr, als ein technisches Produkt – lediglich als Ergebnis von Abkommen zwischen Regierungen oder von Initiativen zur Sicherstellung effizienter Wirtschaftshilfen – betrachtet zu werden. Es stimmt, dass der Aufbau des Friedens das ständige Knüpfen diplomatischer Kontakte, wirtschaftlichen und technologischen Austausch, kulturelle Begegnungen, Abkommen über gemeinsame Vorhaben ebenso erfordert wie die Übernahme gemeinsam geteilter Verpflichtungen, um kriegerische Bedrohungen einzudämmen und die regelmäßig wiederkehrenden terroristischen Versuchungen an der Wurzel freizulegen. Damit diese Bemühungen dauerhafte Wirkungen hervorbringen können, müssen sie sich allerdings auf Werte stützen können, die in der Wahrheit des Lebens verwurzelt sind. Das heißt, man muss die Stimme der betreffenden Bevölkerung hören und sich ihre Lage anschauen, um ihre Erwartungen entsprechend zu deuten. Hier muss man sich

sozusagen ständig in eine Linie mit der anonym geleisteten Anstrengung so vieler Menschen stellen, die sich sehr dafür engagieren, die Begegnung zwischen den Völkern zu fördern und die Entwicklung ausgehend von Liebe und gegenseitigem Verständnis zu begünstigen. Unter diesen Personen sind auch gläubige Christen, die an der großen Aufgabe beteiligt sind, der Entwicklung und dem Frieden einen vollauf menschlichen Sinn zu geben.

73. Mit der technologischen Entwicklung verbunden ist die gestiegene Verbreitung der sozialen Kommunikationsmittel. Es ist bereits fast unmöglich, sich die Existenz der menschlichen Familie ohne sie vorzustellen. Im Guten wie im Bösen sind sie dermaßen im Leben der Welt präsent, dass die Einstellung derjenigen, die die Neutralität der sozialen Kommunikationsmittel behaupten und daher ihre Autonomie in Bezug auf die die Menschen betreffende Moral fordern, wirklich absurd erscheint. Derartige Sichtweisen, die die strikt technische Natur der Medien nachdrücklich betonen, begünstigen tatsächlich oft ihre Unterordnung unter das wirtschaftliche Kalkül, unter die Absicht, die Märkte zu beherrschen, und nicht zuletzt unter das Verlangen, kulturelle Parameter aufzuerlegen, die Projekten ideologischer und politischer Macht dienen. Angesichts ihrer fundamentalen Bedeutung bei der Bestimmung von Veränderungen in der Art und Weise, wie die Wirklichkeit und die menschliche Person selbst wahrgenommen und kennengelernt wird, wird ein aufmerksames Nachdenken über ihren Einfluss besonders gegenüber der ethisch-kulturellen Dimension der Globalisierung und der solidarischen Entwicklung der Völker notwendig. Entsprechend dem, was von einem korrekten Umgang mit der Globalisierung und Entwicklung gefordert

wird, müssen Sinn und Zielsetzung der Medien auf anthropologischer Grundlage gesucht werden. Das heißt, dass sie nicht nur dann Gelegenheit zur Humanisierung werden können, wenn sie dank der technologischen Entwicklung größere Kommunikations- und Informationsmöglichkeiten bieten, sondern vor allem dann, wenn sie im Licht eines Bildes vom Menschen und vom Gemeinwohl, das deren universale Bedeutung widerspiegelt, organisiert und ausgerichtet werden. Die sozialen Kommunikationsmittel begünstigen weder die Freiheit noch globalisieren sie die Entwicklung und die Demokratie für alle einfach deshalb, weil sie die Möglichkeiten der Verbindung und Zirkulation von Ideen vervielfachen. Um solche Ziele zu erreichen, müssen sie auf die Förderung der Würde der Menschen und der Völker ausgerichtet sein, ausdrücklich von der Liebe beseelt sein und im Dienst der Wahrheit, des Guten sowie der natürlichen und übernatürlichen Brüderlichkeit stehen. In der Menschheit ist die Freiheit nämlich mit diesen höheren Werten innerlich verbunden. Die Medien können eine wertvolle Hilfe darstellen, um die Gemeinschaft der menschlichen Familie und das Ethos der Gesellschaften wachsen zu lassen, wenn sie Werkzeuge zur Förderung der allgemeinen Teilnahme an der gemeinsamen Suche nach dem, was gerecht ist, werden.

74. Der wichtigste und entscheidende Bereich der kulturellen Auseinandersetzung zwischen dem Absolutheitsanspruch der Technik und der moralischen Verantwortung des Menschen ist heute die Bioethik, wo auf radikale Weise die Möglichkeit einer ganzheitlichen menschlichen Entwicklung selbst auf dem Spiel steht. Es handelt sich um einen äußerst heiklen und entscheidenden Bereich, in dem mit dramatischer Kraft die fundamentale Frage auftaucht, ob sich

der Mensch selbst hervorgebracht hat oder ob er von Gott abhängt. Die wissenschaftlichen Entdeckungen auf diesem Gebiet und die Möglichkeiten technischer Eingriffe scheinen so weit vorangekommen zu sein, dass sie uns vor die Wahl zwischen den zwei Arten der Rationalität stellt: die auf Transzendenz hin offene Vernunft oder die in der Immanenz eingeschlossene Vernunft. Man steht also vor einem entscheidenden Entweder-Oder. Die Rationalität des auf sich selbst zentrierten technischen Machens erweist sich jedoch als irrational, weil sie eine entschiedene Ablehnung von Sinn und Wert mit sich bringt. Nicht zufällig prallen das Sich-Verschließen gegenüber der Transzendenz und die Schwierigkeit zu denken, wie aus dem Nichts das Sein hervorgegangen und wie aus dem Zufall der Verstand entstanden sein soll, aufeinander.[153] Angesichts dieser dramatischen Probleme helfen sich Vernunft und Glaube gegenseitig. Nur gemeinsam werden sie den Menschen retten. Die vom reinen technischen Tun gefesselte Vernunft ist ohne den Glauben dazu verurteilt, sich in der Illusion der eigenen Allmacht zu verlieren. Der Glaube ist ohne die Vernunft der Gefahr der Entfremdung vom konkreten Leben der Menschen ausgesetzt.[154]

75. Schon Papst Paul VI. hatte den weltweiten Horizont der sozialen Frage erkannt und auf ihn hingewiesen.[155] Wenn man ihm auf diesem Weg folgt, muss man heute feststellen, dass die soziale Frage in radikaler Weise zu einer anthropologischen Frage geworden ist, insofern sie die Möglichkeit selbst beinhaltet, das Leben, das von den Biotechnologien immer mehr in die Hände des Menschen gelegt wird, nicht nur zu verstehen, sondern auch zu manipulieren. In der heutigen Kultur der totalen Ernüchterung, die glaubt, alle Ge-

heimnisse aufgedeckt zu haben, weil man bereits an die Wurzel des Lebens gelangt ist, kommt es zur Entwicklung und Förderung von In-vitro-Fertilisation, Embryonenforschung, Möglichkeiten des Klonens und der Hybridisierung des Menschen. Hier findet der Absolutheitsanspruch der Technik seinen massivsten Ausdruck. In dieser Art von Kultur ist das Gewissen nur dazu berufen, eine rein technische Möglichkeit zur Kenntnis zu nehmen. Man kann jedoch nicht die beunruhigenden Szenarien für die Zukunft des Menschen und die neuen mächtigen Instrumente, die der »Kultur des Todes« zur Verfügung stehen, bagatellisieren. Zur verbreiteten tragischen Plage der Abtreibung könnte in Zukunft – aber insgeheim bereits jetzt schon in nuce vorhanden – eine systematische eugenische Geburtenplanung hinzukommen. Auf der entgegengesetzten Seite wird einer mens euthanasica der Weg bereitet, einem nicht weniger missbräuchlichen Ausdruck der Herrschaft über das Leben, das unter bestimmten Bedingungen als nicht mehr lebenswert betrachtet wird. Hinter diesen Szenarien stehen kulturelle Auffassungen, welche die menschliche Würde leugnen. Diese Praktiken sind ihrerseits dazu bestimmt, eine materielle und mechanistische Auffassung vom menschlichen Leben zu nähren. Wer wird die negativen Auswirkungen einer solchen Mentalität auf die Entwicklung ermessen können? Wie wird man sich noch über die Gleichgültigkeit gegenüber den Situationen menschlichen Verfalls wundern können, wenn die Gleichgültigkeit sogar unsere Haltung gegenüber dem, was menschlich ist oder nicht, kennzeichnet? Es verwundert einen die willkürliche Selektivität all dessen, was heute als achtenswert vorgeschlagen wird. Während viele gleich bereit sind, sich über Nebensächlichkeiten zu entrüsten, scheinen sie unerhörte Ungerechtigkeiten zu tolerieren. Während die Armen der Welt noch immer an die Türen der Üppigkeit klopfen, läuft die reiche Welt Gefahr, wegen eines Gewissens, das bereits unfähig ist, das Menschliche zu erkennen, jene Schläge an ihre Tür nicht mehr zu hören. Gott enthüllt dem Menschen den Menschen; die Vernunft und der Glaube arbeiten zusammen, ihm das Gute zu zeigen, wenn er es nur sehen wollte; das Naturrecht, in dem die schöpferische Vernunft aufscheint, zeigt die Größe des Menschen auf, aber auch sein Elend, wenn er den Ruf der moralischen Wahrheit nicht annimmt.

76. Einer der Aspekte des modernen technisierten Geistes besteht in der Neigung, die mit dem Innenleben verbundenen Fragen und Regungen nur unter einem psychologischen Gesichtspunkt bis hin zum neurologischen Reduktionismus zu betrachten. Die Innerlichkeit des Menschen wird so entleert, und das Bewusstsein von der ontologischen Beschaffenheit der menschlichen Seele mit ihren Tiefen, die die Heiligen auszuloten wussten, geht allmählich verloren. Die Frage der Entwicklung ist auch mit unserer Auffassung von der Seele des Menschen eng verbunden, da unser Ich oft auf die Psyche reduziert wird und die Gesundheit der Seele mit dem emotionalen Wohlbefinden verwechselt wird. Diesen Verkürzungen liegt ein tiefes Unverständnis des geistlichen Lebens zugrunde. Sie führen dazu, nicht anerkennen zu wollen, dass die Entwicklung des Menschen und der Völker jedoch auch von der Lösung von Problemen geistlicher Art abhängt. Die Entwicklung muss außer dem materiellen auch ein geistig-geistliches Wachstum umfassen, weil der Mensch eine »Einheit aus Seele und Leib«[156] ist, geboren von der schöpferischen Liebe Gottes und zum ewigen Leben bestimmt. Der Mensch entwickelt sich, wenn er im Geist

wächst, wenn seine Seele sich selbst und die Wahrheiten erkennt, die Gott ihr keimhaft eingeprägt hat, wenn er mit sich selbst und mit seinem Schöpfer redet. Fern von Gott ist der Mensch unstet und krank. Die soziale und psychologische Entfremdung und die vielen Neurosen, die für die reichen Gesellschaften kennzeichnend sind, verweisen auch auf Ursachen geistlicher Natur. Eine materiell entwickelte, aber für die Seele bedrückende Wohlstandsgesellschaft ist an und für sich nicht auf echte Entwicklung ausgerichtet. Die neuen Formen der Knechtschaft der Droge und die Verzweiflung, in die viele Menschen geraten, finden nicht nur eine soziologische und psychologische, sondern eine im Wesentlichen geistliche Erklärung. Die Leere, der sich die Seele trotz vieler Therapien für Leib und Psyche überlassen fühlt, ruft Leiden hervor. Es gibt keine vollständige Entwicklung und kein universales Gemeinwohl ohne das geistliche und moralische Wohl der in ihrer Gesamtheit von Seele und Leib gesehenen Personen.

77. Der Absolutheitsanspruch der Technik neigt dazu, eine Unfähigkeit entstehen zu lassen, das wahrzunehmen, was sich nicht mit der bloßen Materie erklären lässt. Und doch erfahren alle Menschen so viele immaterielle und geistige Aspekte ihres Lebens. Erkennen ist nicht ein nur materieller Akt, weil das Erkannte immer etwas verbirgt, was über die empirische Gegebenheit hinausgeht. Jede Erkenntnis, auch die einfachste, ist immer ein kleines Wunder, weil sie sich mit den materiellen Mitteln, die wir anwenden, nie vollständig erklären lässt. In jeder Wahrheit steckt mehr, als wir selbst es uns erwartet hätten, in der Liebe, die wir empfangen, ist immer etwas für uns Überraschendes. Wir sollten niemals aufhören, angesichts dieser Wunder zu staunen. In

jeder Erkenntnis und in jeder Liebeshandlung erlebt die Seele des Menschen ein »Mehr«, das sehr einer empfangenen Gabe gleicht, einer Erhabenheit, zu der wir uns erhöht fühlen. Auch die Entwicklung des Menschen und der Völker steht auf einer ähnlichen Höhe, wenn wir die geistige Dimension betrachten, die diese Entwicklung notwendigerweise kennzeichnen muss, damit sie echt sein kann. Sie erfordert neue Augen und ein neues Herz, die imstande sind, die materialistische Sicht der menschlichen Geschehnisse zu überwinden und in der Entwicklung ein »darüber hinaus« zu sehen, das die Technik nicht geben kann. Auf diesem Weg wird es möglich sein, jene ganzheitliche menschliche Entwicklung fortzusetzen, die ihr Orientierungskriterium in der Antriebskraft der Liebe in der Wahrheit hat.

SCHLUSS

78. Ohne Gott weiß der Mensch nicht, wohin er gehen soll, und vermag nicht einmal zu begreifen, wer er ist. Angesichts der enormen Probleme der Entwicklung der Völker, die uns fast zur Mutlosigkeit und zum Aufgeben drängen, kommt uns das Wort des Herrn Jesus Christus zu Hilfe, der uns wissen lässt: »Getrennt von mir könnt ihr nichts vollbringen« (Joh 15,5) und uns ermutigt: »Ich bin bei euch alle Tage bis zum Ende der Welt« (Mt 28,20). Angesichts der Arbeitsfülle, die zu bewältigen ist, werden wir im Glauben an die Gegenwart Gottes aufrechterhalten an der Seite derer, die sich in seinem Namen zusammentun und für die Gerechtigkeit arbeiten. Papst Paul VI. hat uns in *Populorum progressio* daran erinnert, dass der Mensch nicht in der Lage ist, seinen Fortschritt allein zu betreiben, weil er nicht von sich aus einen echten Humanismus begründen kann. Nur wenn wir daran denken, dass wir als Einzelne und als Gemeinschaft dazu berufen sind, als seine Kinder zur Familie Gottes zu gehören, werden wir auch dazu fähig sein, ein neues Denken hervorzubringen und neue Kräfte im Dienst eines echten ganzheitlichen Humanismus zu entfalten. Die große Kraft im Dienst der Entwicklung ist daher ein christlicher Humanismus,[157] der die Liebe belebt und sich von der Wahrheit leiten lässt, indem er die eine und die andere als bleibende Gabe Gottes empfängt. Die Verfügbarkeit gegenüber Gott öffnet uns zur Verfügbarkeit gegenüber den Brüdern und gegenüber einem Leben, das als solidarische und frohe Aufgabe verstanden wird. Umgekehrt stellen die ideologische Verschlossenheit gegenüber Gott und der Atheismus der Gleichgültigkeit, die den Schöpfer vergessen und Gefahr

laufen, auch die menschlichen Werte zu vergessen, heute die größten Hindernisse für die Entwicklung dar. Der Humanismus, der Gott ausschließt, ist ein unmenschlicher Humanismus. Nur ein für das Absolute offener Humanismus kann uns bei der Förderung und Verwirklichung von sozialen und zivilen Lebensformen – im Bereich der Strukturen, der Einrichtungen, der Kultur, des Ethos – leiten, indem er uns vor der Gefahr bewahrt, zu Gefangenen von Moden des Augenblicks zu werden. Es ist das Wissen um die unzerstörbare Liebe Gottes, das uns in dem mühsamen und erhebenden Einsatz für die Gerechtigkeit und für die Entwicklung der Völker zwischen Erfolgen und Misserfolgen in der unablässigen Verfolgung rechter Ordnungen für die menschlichen Angelegenheiten unterstützt. Die Liebe Gottes ruft uns zum Aussteigen aus allem, was begrenzt und nicht endgültig ist; sie macht uns Mut, weiter zu arbeiten in der Suche nach dem Wohl für alle, auch wenn es sich nicht sofort verwirklichen lässt, auch wenn das, was uns zu verwirklichen gelingt – uns und den politischen Autoritäten und Wirtschaftsfachleuten –, stets weniger ist als das, was wir anstreben.[158] Gott gibt uns die Kraft, zu kämpfen und aus Liebe für das gemeinsame Wohl zu leiden, weil er unser Alles, unsere größte Hoffnung ist.

79. Die Entwicklung braucht Christen, die die Arme zu Gott erheben in der Geste des Gebets, Christen, die von dem Bewusstsein getragen sind, dass die von Wahrheit erfüllte Liebe, caritas in veritate, von der die echte Entwicklung ausgeht, nicht unser Werk ist, sondern uns geschenkt wird. Darum müssen wir auch in den schwierigsten und kompliziertesten Angelegenheiten nicht nur bewusst reagieren, sondern uns vor allem auf seine Liebe beziehen. Die Ent-

wicklung beinhaltet Aufmerksamkeit für das geistliche Leben, ernsthafte Beachtung der Erfahrungen des Gottvertrauens, der geistlichen Brüderlichkeit in Christus, des Sich-Anvertrauens an die göttliche Vorsehung und Barmherzigkeit, der Liebe und Vergebung, des Selbstverzichts, der Annahme des Nächsten, der Gerechtigkeit und des Friedens. Das alles ist unverzichtbar, um die »Herzen von Stein« in »Herzen von Fleisch« zu verwandeln (Ez 36,26), um so das Leben auf der Erde »göttlich« und damit menschenwürdiger zu machen. Das alles gehört dem Menschen, weil der Mensch Subjekt seiner Existenz ist; und zugleich gehört es Gott, weil Gott am Anfang und am Ende von all dem steht, was gilt und erlöst: »Welt, Leben, Tod, Gegenwart und Zukunft: alles gehört euch; ihr aber gehört Christus, und Christus gehört Gott« (1 Kor 3,22-23). Das tiefe Verlangen des Christen ist, dass die ganze menschliche Familie Gott als »Vater unser!« anrufen kann. Zusammen mit dem Eingeborenen Sohn können alle Menschen lernen, zum Vater zu beten und ihn mit den Worten, die Jesus selbst uns gelehrt hat, zu bitten, ihn heiligen zu können, wenn sie nach seinem Willen leben, und dann das nötige tägliche Brot zu haben sowie Verständnis und Großzügigkeit gegenüber den Schuldigern, nicht zu sehr auf die Probe gestellt und vom Bösen befreit zu werden (vgl. Mt 6,9-13).
Zum Abschluss des Paulusjahres möchte ich diesen Wunsch mit den Worten des Apostels aus dem Brief an die Römer zum Ausdruck bringen: »Eure Liebe sei ohne Heuchelei. Verabscheut das Böse, haltet fest am Guten! Seid einander in brüderlicher Liebe zugetan, übertrefft euch in gegenseitiger Achtung« (12,9-10). Die Jungfrau Maria, die von Papst Paul VI. zur Mater Ecclesiae erklärt wurde und vom christlichen Volk als Speculum iustitiae und Regina pacis verehrt wird,

beschütze und erhalte uns durch ihre himmlische Fürsprache die Kraft, die Hoffnung und die Freude, die wir brauchen, um uns weiterhin großzügig der Verpflichtung zu widmen, »die Entwicklung des ganzen Menschen und aller Menschen«[159] zu verwirklichen.

Gegeben zu Rom, Sankt Peter, am 29. *Juni, dem Fest der heiligen Apostel Petrus und Paulus, im Jahr* 2009, *dem fünften Jahr meines Pontifikats.*

BENEDICTUS PP. XVI

ANMERKUNGEN

1 Vgl. Paul VI., Enzyklika *Populorum progressio* (26. März 1967), 22: AAS 59 (1967), 268; Zweites Vatikanisches Konzil, Pastoralkonstitution über die Kirche in der Welt von heute *Gaudium et spes*, 69.

2 Ansprache zum Tag der Entwicklung (23. August 1968): AAS 60 (1968), 626-627.

3 Vgl. Botschaft zum Weltfriedenstag 2002: AAS 94 (2002), 132-140.

4 Vgl. Zweites Vatikanisches Konzil, Pastoralkonstitution über die Kirche in der Welt von heute *Gaudium et spes*, 26.

5 Vgl. Johannes XXIII., Enzyklika *Pacem in terris* (11. April 1963): AAS 55 (1963), 268-270.

6 Vgl. Nr. 16: a.a.O., 265.

7 Vgl. ebd., 82: a.a.O., 297.

8 Ebd., 42: a.a.O., 278.

9 Ebd., 20: a.a.O., 267.

10 Vgl. Zweites Vatikanisches Konzil, Pastoralkonstitution über die Kirche in der Welt von heute *Gaudium et spes*, 36; Paul VI., Apostolisches Schreiben *Octogesima adveniens* (14. Mai 1971), 4: AAS 63 (1971), 403-404; Johannes Paul II., Enzyklika *Centesimus annus* (1. Mai 1991), 43: AAS 83 (1991), 847.

11 Paul VI., Enzyklika *Populorum progressio*, 13: a.a.O., 263-264.

12 Vgl. Päpstlicher Rat für Gerechtigkeit und Frieden, Kompendium der Soziallehre der Kirche, Nr. 76.

13 Vgl. Benedikt XVI., Ansprache zur Eröffnung der V. Generalkonferenz der Bischofskonferenzen von Lateinamerika und der Karibik (13. Mai 2007): Insegnamenti III, 1 (2007), 854-870.

14 Vgl. Nrn. 3-5: a.a.O., 258-260.

15 Vgl. Johannes Paul II., Enzyklika *Sollicitudo rei socialis* (30. Dezember 1987), 6-7: AAS 80 (1988), 517-519.

16 Vgl. Paul VI., Enzyklika *Populorum progressio*, 14: a.a.O., 264.

17 Benedikt XVI., Enzyklika *Deus caritas est* (25. Dezember 2005), 18: AAS 98 (2006), 232.

18 Ebd., 6: a.a.O., 222.

19 Vgl. Benedikt XVI., Ansprache an die Mitglieder der Römischen Kurie beim Weihnachtsempfang (22. Dezember 2005): Insegnamenti I (2005), 1023-1032.

20 Vgl. Johannes Paul II., Enzyklika *Sollicitudo rei socialis*, 3: a.a.O., 515.

21 Vgl. ebd., 1: a.a.O., 513-514.

22 Vgl. ebd., 3: a.a.O., 515.

23 Vgl. Johannes Paul II., Enzyklika *Laborem exercens* (14. September 1981), 3: AAS 73 (1981), 583-584.

24 Vgl. ders., Enzyklika *Centesimus annus*, 3: a.a.O., 794-796.

25 Vgl. Enzyklika *Populorum progressio*, 3: a.a.O., 258.

26 Vgl. ebd., 34: a.a.O., 274.

27 Vgl. Nrn. 8-9: AAS 60 (1968), 485-487; Benedikt XVI., Ansprache an die Teilnehmer am Internationalen Kongress der Päpstlichen Lateranuniversität anlässlich des 40. Jahrestags der Enzyklika *Humanae vitae* (10. Mai 2008): Insegnamenti, IV, 1 (2008), 753-756.

28 Vgl. Enzyklika *Evangelium vitae* (25. März 1995), Nr. 93: AAS 87 (1995), 507-508.

29 Ebd., 101: a.a.O., 516-518.

30 Nr. 29: AAS 68 (1976), 25.

31 Ebd., 31: a.a.O., 26.

32 Vgl. Johannes Paul II., Enzyklika *Sollicitudo rei socialis*, 41: a.a.O., 570-572.

33 Vgl. ebd.; ders., Enzyklika *Centesimus annus*, 5.54: a.a.O., 799.859-860.

34 Nr. 15: a.a.O., 491.

35 Vgl. ebd, 2: a.a.O., 258; Leo XIII., Enzyklika *Rerum novarum* (15. Mai 1891): Leonis XIII P.M. Acta, XI, Romae 1892, 97-144; Johannes Paul II., Enzyklika *Sollicitudo rei socialis*, 8: a.a.O., 519-520; ders., Enzyklika *Centesimus annus*, 5: a.a.O., 799.

36 Vgl. Enzyklika *Populorum progressio*, 2.13: a.a.O., 258. 263-264.

37 Ebd., 42: a.a.O., 278.

38 Ebd., 11: a.a.O., 262; Johannes Paul II., Enzyklika *Centesimus annus*, 25: a.a.O., 822-824.

39 Enzyklika *Populorum progressio*, 15: a.a.O., 265.

40 Ebd., 3: a.a.O., 258.

41 Ebd., 6: a.a.O., 260.

42 Ebd., 14: a.a.O., 264.

43 Ebd.; vgl. Johannes Paul II., Enzyklika *Centesimus annus*, 53-62: a.a.O., 859-867; ders., Enzyklika *Redemptor hominis* (4. März 1979), 13-14: AAS 71 (1979), 282-286.

44 Vgl. Paul VI., Enzyklika *Populorum progressio*, 12: a.a.O., 262-263.

45 Zweites Vatikanisches Konzil, Pastoralkonstitution über die Kirche in der Welt von heute *Gaudium et spes*, 22.

46 Paul VI., Enzyklika *Populorum progressio*, 13: a.a.O., 263-264.

47 Vgl. Benedikt XVI., Ansprache an die Teilnehmer des IV. Nationalen Kongresses der Kirche in Italien (19. Oktober 2006): Insegnamenti II, 2 (2006), 465-477.

48 Vgl. Paul VI., Enzyklika *Populorum progressio*, 16: a.a.O., 265.

49 Ebd.

50 Benedikt XVI., Ansprache an die Jugendlichen am Barangaroo East Darling Harbour (Sydney, 17. Juli 2008): L'Osservatore Romano (dt.), 38. Jg., Nr. 30/31, S. 10.

51 Paul VI., Enzyklika *Populorum progressio*, 20: a.a.O., 267.

52 Ebd., 66: a.a.O., 289-290.

53 Ebd., 21: a.a.O., 267-268.

54 Nrn. 3.29.32: a.a.O., 258.272.273.

55 Vgl. Enzyklika *Sollicitudo rei socialis*, 28: a.a.O., 548-550.

56 Paul VI., Enzyklika *Populorum progressio*, 9: a.a.O., 261-262.

57 Vgl. Enzyklika *Sollicitudo rei socialis*, 20: a.a.O., 536-537.

58 Vgl. Enzyklika *Centesimus annus*, 22-29: a.a.O., 819-830.

59 Vgl. Nrn. 23.33: a.a.O., 268-269.273-274.

60 Vgl. a.a.O., 135.

61 Zweites Vatikanisches Konzil, Pastoralkonstitution über die Kirche in der Welt von heute *Gaudium et spes*, 63.

62 Vgl. Johannes Paul II., Enzyklika *Centesimus annus*, 24: a.a.O., 821-822.

63 Vgl. ders., Enzyklika *Veritatis splendor* (6. August 1993), 33.46.51: AAS

85 (1993), 1160.1169-1171.1174-1175; ders., Ansprache an die UN-Vollversammlung zum 50. Jahrestag ihrer Gründung (5. Oktober 1995), 3: Insegnamenti XVIII, 2 (1995), 732-733.

64 Vgl. Enzyklika *Populorum progressio*, 47: a.a.O., 280-281; Johannes Paul II., Enzyklika *Sollicitudo rei socialis*, 42: a.a.O., 572-574.

65 Vgl. Benedikt XVI., Botschaft zum Welternährungstag 2007: AAS 99 (2007), 933-935.

66 Vgl. Johannes Paul II., Enzyklika *Evangelium vitae*, 18.59.63.64: a.a.O., 419-421.467-468.472-475.

67 Vgl. Benedikt XVI., Botschaft zum Weltfriedenstag 2007, 5: Insegnamenti, II, 2 (2006), 778.

68 Vgl. Johannes Paul II., Botschaft zum Weltfriedenstag 2002, 4-7.12-15: AAS 94 (2002), 134-136.138-140; ders., Botschaft zum Weltfriedenstag 2004, 8: AAS 96 (2004), 119; ders., Botschaft zum Weltfriedenstag 2005, 4: AAS 97 (2005), 177-178; Benedikt XVI., Botschaft zum Weltfriedenstag 2006, 9-10: AAS 98 (2006), 60-61; ders., Botschaft zum Weltfriedenstag 2007, 5.14: a.a.O., 778.782-783.

69 Vgl. Johannes Paul II., Botschaft zum Weltfriedenstag 2002, 6: a.a.O., 135; Benedikt XVI., Botschaft zum Weltfriedenstag 2006, 9-10: a.a.O., 60-61.

70 Vgl. Benedikt XVI., Homilie bei der Messfeier auf dem »Islinger Feld« in Regensburg (12. September 2006): Insegnamenti II, 2 (2006), 252-256.

71 Vgl. ders., Enzyklika *Deus caritas est*, 1: a.a.O., 217-218.

72 Johannes Paul II., Enzyklika *Sollicitudo rei socialis*, 28: a.a.O., 548-550.

73 Paul VI., Enzyklika *Populorum progressio*, 19: a.a.O., 266-267.

74 Ebd., 39: a.a.O., 276-277.

75 Ebd., 75: a.a.O., 293-294.

76 Vgl. Benedikt XVI., Enzyklika *Deus caritas est*, 28: a.a.O., 238-240.

77 Johannes Paul II., Enzyklika *Centesimus annus*, 59: a.a.O., 864.

78 Vgl. Enzyklika *Populorum progressio*, 40.85: a.a.O., 277.298-299.

79 Ebd., 13: a.a.O., 263-264.

80 Vgl. Johannes Paul II., Enzyklika *Fides et ratio* (14. September 1998), 85: AAS 91 (1999), 72-73.

81 Vgl. ebd., 83: a.a.O., 70-71.

82 Benedikt XVI., Vorlesung in der Universität Regensburg (12. September 2006): Insegnamenti II, 2 (2006), 265.

83 Vgl. Paul VI., Enzyklika *Populorum progressio*, 33: a.a.O., 273-274.

84 Johannes Paul II., Botschaft zum Weltfriedenstag 2000, 15: AAS 92 (2000), 366.

85 Katechismus der Katholischen Kirche, Nr. 407; vgl. Johannes Paul II., Enzyklika *Centesimus annus*, 25: a.a.O., 822-824.

86 Vgl. Nr. 17: AAS 99 (2007), 1000.

87 Vgl. ebd., 23: a.a.O., 1004-1005.

88 Der hl. Augustinus behandelt diese Lehre ausführlich im Dialog über den freien Willen (De libero arbitrio II 3,8ff). Er spricht von einem »inneren Sinn«, der in der menschlichen Seele existiert. Dieser Sinn besteht in einem Akt, der außerhalb der normalen Funktionen der Vernunft vollzogen wird, ein unreflektierter und gleichsam instinktiver Akt, durch den die Vernunft, indem sie sich ihrer vergänglichen und fehlbaren Verfasstheit bewusst wird, über sich die Existenz von etwas Ewigem, absolut Wahrem und Gewissem annimmt. Der hl. Augustinus nennt diese innere Wahrheit manchmal Gott (Bekenntnisse X,24,35; XII,25,35; De libero arbitrio II 3,8) und häufiger Christus (De magistro 11,38; Bekenntnisse VII,18,24; XI,2,4).

89 Benedikt XVI., Enzyklika *Deus caritas est*, 3: a.a.O., 219.

90 Vgl. Nr. 49: a.a.O., 281.

91 Johannes Paul II., Enzyklika *Centesimus annus*, 28: a.a.O., 827-828.

92 Vgl. Nr. 35: a.a.O., 836-838.

93 Vgl. Johannes Paul II., Enzyklika *Sollicitudo rei socialis*, 38: a.a.O., 565-566.

94 Nr. 44: a.a.O., 279.

95 Vgl. ebd., 24: a.a.O., 269.

96 Vgl. Enzyklika *Centesimus annus*, 36: a.a.O., 838-840.

97 Vgl. Paul VI., Enzyklika *Populorum progressio*, 24: a.a.O., 269.

98 Vgl. Johannes Paul II., Enzyklika *Centesimus annus*, 32: a.a.O., 832-833; Paul VI., Enzyklika *Populorum progressio*, 25: a.a.O., 269-270.

99 Johannes Paul II., Enzyklika *Laborem exercens*, 24: a.a.O., 637-638.

100 Ebd., 15: a.a.O., 616-618.

101 Enzyklika *Populorum progressio*, 27: a.a.O., 271.

102 Vgl. Kongregation für die Glaubenslehre, Instruktion über die christliche Freiheit und die Befreiung *Libertatis conscientia* (22. März 1986), 74: AAS 79 (1987), 587.

103 Vgl. Johannes Paul II., Interview mit der katholischen Tageszeitung »La Croix« vom 20. August 1997.

104 Johannes Paul II., Ansprache an die Päpstliche Akademie der Sozialwissenschaften (27. April 2001): Insegnamenti, XXIV, 1 (2001), 800.

105 Paul VI., Enzyklika *Populorum progressio*, 17: a.a.O., 265-266.

106 Vgl. Johannes Paul II., Botschaft zum Weltfriedenstag 2003, 5: AAS 95 (2003), 343.

107 Vgl. ebd.

108 Vgl. Benedikt XVI., Botschaft zum Weltfriedenstag 2007, 13: a.a.O., 781-782.

109 Paul VI., Enzyklika *Populorum progressio*, 65: a.a.O., 289.

110 Ebd., 36-37: a.a.O., 275-276.

111 Vgl. ebd., 37: a.a.O., 275-276.

112 Vgl. Zweites Vatikanisches Konzil, Dekret über das Laienapostolat *Apostolicam actuositatem*, 11.

113 Vgl. Paul VI., Enzyklika *Populorum progressio*, 14: a.a.O., 264; Johannes Paul II., Enzyklika *Centesimus annus*, 32: a.a.O., 832-833.

114 Paul VI., Enzyklika *Populorum progressio*, 77: a.a.O., 295.

115 Johannes Paul II., Botschaft zum Weltfriedenstag 1990, 6: AAS 82 (1990), 150.

116 Heraklit von Ephesus (ca. 535-475 v. Chr.), Fragment 22B124, in: H. Diehls – W. Kranz, Die Fragmente der Vorsokratiker, Weidmann, Berlin 1952[6].

117 Vgl. Päpstlicher Rat für Gerechtigkeit und Frieden, Kompendium der Soziallehre der Kirche, Nrn. 451-487.

118 Vgl. Johannes Paul II., Botschaft zum Weltfriedenstag 1990, 10: AAS 82 (1990), 152-153.

119 Paul VI., Enzyklika *Populorum progressio*, 65: a.a.O., 289.

120 Benedikt XVI., Botschaft zum Weltfriedenstag 2008, 7: AAS 100 (2008), 41.

121 Vgl. Benedikt XVI., Ansprache an die Mitglieder der UN-Vollversammlung (18. April 2008): Insegnamenti IV, 1 (2008), 618-626.

122 Vgl. Johannes Paul II., Botschaft zum Weltfriedenstag 1990, 13: a.a.O., 154-155.

123 Ders., Enzyklika *Centesimus annus*, 36: a.a.O., 838-840.

124 Ebd., 38: a.a.O., 840-841; Benedikt XVI., Botschaft zum Weltfriedenstag 2007, 8: a.a.O., 779.

125 Vgl. Johannes Paul II., Enzyklika *Centesimus annus*, 41: a.a.O., 843-845.

126 Vgl. ebd.

127 Vgl. Johannes Paul II., Enzyklika *Evangelium vitae*, 20: a.a.O., 422-424.

128 Enzyklika *Populorum progressio*, 85: a.a.O., 298-299.

129 Vgl. Johannes Paul II., Botschaft zum Weltfriedenstag 1998, 3: AAS 90 (1998), 150; ders., Ansprache an die Mitglieder der Stiftung »*Centesimus annus*« (9. Mai 1998), 2: Insegnamenti XXI, 1 (1998), 873-874; ders., Ansprache bei der Begegnung mit den Autoritäten und dem Diplomatischen Corps in der Wiener Hofburg (20. Juni 1998), 8: Insegnamenti XXI, 1 (1998), 1435-1436; ders., Botschaft an den Rektor Magnificus der Katholischen Universität Sacro Cuore anlässlich des jährlichen Tags der Universität (5. Mai 2000), 6: Insegnamenti XXIII, 1 (2000), 759-760.

130 Nach Thomas von Aquin: »ratio partis contrariatur rationi personae«, in: III Sent. d. 5,3,2; auch: »Homo non ordinatur ad communitatem politicam secundum se totum et secundum omnia sua«, in: Summa Theologiae I-II, q. 21, a. 4, ad 3.

131 Vgl. Zweites Vatikanisches Konzil, Dogmatische Konstitution Lumen gentium, 1.

132 Vgl. Johannes Paul II., Ansprache an die Öffentliche Sitzung der Päpstlichen Akademie für Theologie und der Päpstlichen Akademie des heiligen Thomas von Aquin (8. November 2001), 3: Insegnamenti XXIV, 2 (2001), 676-677.

133 Vgl. Kongregation für die Glaubenslehre, Erklärung über die Einzigkeit und Heilsuniversalität Jesu Christi und der Kirche Dominus Jesus (6. August 2000), 22: AAS 92 (2000), 763-764; dies., Lehrmäßige Note zu einigen Fragen über den Einsatz und das Verhalten der Katholiken im politischen Leben (24. November 2002), 8: AAS 96 (2004), 369-370.

134 Vgl. Benedikt XVI., Enzyklika *Spe salvi*, 31: a.a.O., 1010; ders., Ansprache an die Teilnehmer des IV. Nationalen Kongresses der Kirche in Italien (19. Oktober 2006), a.a.O., 465-477.

135 Johannes Paul II., Enzyklika *Centesimus annus*, 5: a.a.O., 798-800; vgl. Benedikt XVI., Ansprache an die Teilnehmer des IV. Nationalen Kongresses der Kirche in Italien (19. Oktober 2006), a.a.O., 471.

136 Nr. 12.

137 Vgl. Pius XI., Enzyklika *Quadragesimo anno* (15. Mai 1931), AAS 23 (1931), 203; Johannes Paul II., Enzyklika *Centesimus annus*, 48: a.a.O., 852-854; Katechismus der Katholischen Kirche, Nr. 1883.

138 Vgl. Johannes XXIII., Enzyklika *Pacem in terris*: a.a.O., 274.

139 Vgl. Paul VI., Enzyklika *Populorum progressio*, 10.41; a.a.O., 262.277-278.

140 Vgl. Benedikt XVI., Ansprache an die Mitglieder der Internationalen Theologenkommission (5. Oktober 2007): Insegnamenti, III, 2 (2007), 418-421; ders., Ansprache an die Teilnehmer am von der Päpstlichen Lateranuniversität veranstalteten Internationalen Kongress über das »Naturrecht« (12. Februar 2007): Insegnamenti, III, 1 (2007), 209-212.

141 Vgl. Benedikt XVI., Ansprache an die Bischöfe der Thailändischen Bischofskonferenz beim Ad-limina-Besuch (16. Mai 2008): Insegnamenti , IV, 1 (2008), 798-801.

142 Vgl. Päpstlicher Rat der Seelsorge für die Migranten und die Menschen unterwegs, Instruktion *Erga migrantes caritas Christi* (3. Mai 2004): AAS 96 (2004), 762-822.

143 Johannes Paul II., Enzyklika *Laborem exercens*, 8: a.a.O., 594-598.

144 Ansprache am Ende der Eucharistiefeier anlässlich des Jubiläums der Arbeiter (1. Mai 2000): Insegamenti XXIII, 1 (2000), 720.

145 Vgl. Johannes Paul II., Enzyklika *Centesimus annus*, 36: a.a.O., 838-840.

146 Vgl. Benedikt XVI., Ansprache an die Mitglieder der UN-Vollversammlung (18. April 2008): a.a.O., 618-626.

147 Vgl. Johannes XXIII., Enzyklika *Pacem in terris*: a.a.O., 293; Päpstlicher Rat für Gerechtigkeit und Frieden, Kompendium der Soziallehre der Kirche, Nr. 441.

148 Vgl. Zweites Vatikanisches Konzil, Pastoralkonstitution über die Kirche in der Welt von heute *Gaudium et spes*, 82.

149 Vgl. Johannes Paul II., Enzyklika *Sollicitudo rei socialis*, 43: a.a.O., 574-575.

150 Paul VI., Enzyklika *Populorum progressio*, 41: a.a.O., 277-278; vgl. Zweites Vatikanisches Konzil, Pastoralkonstitution über die Kirche in der Welt von heute *Gaudium et spes*, 57.

151 Vgl. Johannes Paul II., Enzyklika *Laborem exercens*, 5: a.a.O., 586-589.

152 Vgl. Paul VI., Apostolisches Schreiben *Octogesima adveniens*, 29: a.a.O., 420.

153 Vgl. Benedikt XVI., Ansprache an die Teilnehmer des IV. Nationalen Kongresses der Kirche in Italien (19. Oktober 2006): a.a.O., 465-477; ders., Homilie bei der Messfeier auf dem »Islinger Feld« in Regensburg (12. September 2006): a.a.O., 252-256.

154 Vgl. Kongregation für die Glaubenslehre, Instruktion über einige Fragen der Bioethik *Dignitas personae* (8. September 2008): AAS 100 (2008), 858-887.

155 Vgl. Enzyklika *Populorum progressio*, 3: a.a.O., 258.

156 Zweites Vatikanisches Konzil, Pastoralkonstitution über die Kirche in der Welt von heute *Gaudium et spes*, 14.

157 Vgl. Nr. 42: a.a.O., 278.

158 Vgl. Benedikt XVI., Enzyklika *Spe salvi*, 35: a.a.O., 1013-1014.

159 Paul VI., Enzyklika *Populorum progressio*, 42: a.a.O., 278.

Wahrheit in der Liebe – ein grundsätzliches Schreiben

Fr. Justinus C. Pech OCist

Die neue Enzyklika zur katholischen Soziallehre liegt vor. Seit vielen Monaten ist sie erwartet worden. Papst Benedikt XVI. veröffentlicht ein beeindruckendes und umfangreiches Schreiben. Dieses steht in einer eindrucksvollen Kontinuität des bisherigen wissenschaftlichen Wirkens von Joseph Ratzinger, seiner Verkündigung als Nachfolger Petri und der katholischen Soziallehre im Besonderen. Das neue Dokument zur katholischen Soziallehre ist in sechs große Kapitel unterteilt. In diesem Buch wird *Caritas in veritate* von Erzbischof Dr. Zollitsch näher erläutert. Im Folgenden soll es hier um eine theologische Verortung und einen ersten Einstieg in die neue Verlautbarung gehen, die zum Lesen und Studium dieses Dokumentes anregt.

Wie bereits in seinem klaren Bekenntnis gegen die Relativismen dieser Zeit in der Predigt vor dem Eintritt in das Konklave, welches zur Wahl von Joseph Ratzinger als Nachfolger von Papst Johannes Paul II. führte, wird auch in *Caritas in veritate* darauf verwiesen, dass nur die Wahrheit der Garant der Freiheit ist. Jeder Mensch ist in der Lage, mit seiner Vernunft die Wahrheit zu erkennen, und aus dieser Erkenntnis folgt ein Imperativ des Handelns. In seiner ersten Enzyklika hat der deutsche Papst eine philosophische Reflexion über den christlichen Vernunftbegriff vorgelegt. Dort wurde eine theologische und anthropologische Basis geschaffen, auf die *Caritas in veritate* aufbauen kann. Mit diesem am 29. Juni 2009, dem

Hochfest der Apostelfürsten Peter und Paul, unterzeichneten Dokument widmet sich der 265. Nachfolger des hl. Petrus den sozialen Fragen der Zeit und legt die Gedanken, die sich aus seiner ersten Enzyklika ergeben, auf die sozialen Fragen dieser Zeit vor. Der Glaube fordert die Vernunft auf zu erkennen, und die Soziallehre ist der Dienst an der erkannten Wahrheit. Benedikt XVI. bleibt aber nicht bei der philosophischen Reflexion des Wahrheitsbegriffes stehen, sondern bezieht die philosophische Erkenntnis auf die Fragen der Zeit. Die Auswirkungen von fehlgeleitetem Handeln und (un-)bewusstem Fehlverhalten der wirtschaftlichen Akteure sind in der derzeitigen Weltwirtschaftskrise für jedermann sichtbar und vielerorts spürbar. Hier setzt der Papst an. Seine genaue Kenntnis der wirtschaftlichen Situation verbindet er mit einer analytisch scharfen Reflexion über die Ursachen der Krise, um so Handlungsalternativen aufzuzeigen, die dem Gebot der Vernunft entsprechen. Dabei wird er besonders im dritten und vierten Kapitel überaus konkret und äußert sich zu den ganz verschiedenen Bereichen wie der Struktur der Finanzmärkte, der Würde des Arbeiters, der Umweltproblematik, den Formen des ausbeuterischen Tourismus und der internationalen Migrationsproblematik. Dabei belässt es Papst Benedikt XVI. nicht bei einer bloßen Analyse, sondern weist auch auf konkrete Lösungsmöglichkeiten hin.

Dem Theologieprofessor auf dem Papstthron geht es in diesem Schreiben nicht darum, eine neue Wirtschaftsordnung in ihren Einzelheiten aufzuzeigen, sondern er legt ein Dokument vor, das es wagen kann, mit den Vertretern der verschiedenen wirtschaftspolitischen Lehrmeinungen in einen Diskussionsprozess einzutreten. Damit geht er weit über eine tagespolitische Meinungsäußerung hinaus. Die Zielgruppe findet sich weniger auf dem Forum der Tagespresse als im Kreis der Intellektuellen, Professoren, Politiker und Wirtschaftsführer. Die derzeitige Wirtschaftskrise ist so schwerwiegend, dass es einer grundlegenden Diskussion über die Wirtschaftsordnung mit den verschiedenen relevanten Gruppen bedarf. Eine Rückkehr zum »business as usual« kann es nach diesem dramatischen Zusammenbruch und dem vielfachen individuellen Fehlverhalten nicht geben. In *Caritas in veritate* spiegelt sich nicht eine Weltfremdheit wider, sondern es ist ein Schreiben auf hohem akademischem Niveau, das mit Ausdauer sowie Weisheit und einem grundsätzlichen Wohlwollen dem Autor gegenüber gelesen werden will. Wer von vornherein von einem Relativismus überzeugt ist und dem Menschen die Fähigkeit zur Transzendenz abspricht, wird in diesem Lehrschreiben nur wenige Anregungen zum Weiterdenken finden.

Die Enzyklika *Caritas in veritate* greift explizit auf die Sozialenzyklika von Papst Paul VI. (1963–1978) *Populorum progressio* aus dem Jahr 1967 zurück. Diese ist für Benedikt XVI. das Lehrschreiben zur sozialen Frage nach der ersten Sozialenzyklika von Leo XIII. (*Rerum novarum*) aus dem Jahr 1891. Es geht dem amtierenden Papst darum, das Andenken an seinen Vorgänger zu stärken und seine damals vielfach prophetisch anmutenden Betrachtungen neu in das Zentrum der Aufmerksamkeit zu rücken. So wird nicht nur die Enzyklika *Populorum progressio* wiederholt zitiert, sondern auch der Zusammenhang mit der Lehre über den Menschen in *Humanae vitae* (1968) hergestellt. Es geht Benedikt XVI. um den Menschen als Person, der mit Hilfe seiner Vernunft die Wahrheit erkennen kann. Die Soziallehre ist die Ausformulierung des in der Wahrheit Erkannten. Durch diese Erkenntnis kommt der Mensch zu sich selbst, seinem Ursprung, und kann so eine Ethik des Lebens entwickeln.

Innerhalb der Soziallehre der Kirche kann von einer kontinuierlichen Vorwärtsentwicklung gesprochen werden. Es handelt sich um eine einzige kohärente und stets neue Lehre, die in dynamischer Treue zum empfangenen Licht auszulegen ist (Civ 12). Diese Lehre wurde aber nicht mit der ersten Sozialenzyklika 1891 neu geschaffen, sondern beruft sich auf die Heilige Schrift und findet sich in wesentlichen Punkten bereits in den Werken der Kirchenväter. In seinen Mittwochspredigten nannte Papst Benedikt XVI. den hl. Basilius († 397) und den hl. Johannes Chrysostomus († 407) »wirkliche Väter der Soziallehre«. Die hohe Relevanz der Werke der Kirchenväter für das Verständnis von Joseph Ratzinger ist vom Autor dieses Artikels ausführlicher im Buch »Benedikt XVI.: Die Kirchenväter« im hiesigen Verlagshaus dargelegt. Später finden sich in den Predigten von Bernhardin von Siena († 1444) und Antonin von Florenz († 1459) deutliche Hinweise, dass nicht alle Kniffe und Tricks der Kaufleute mit der Lehre der Kirche übereinstimmen. Letztlich ist vor fünfhundert Jahren in diesen Predigten schon das Grundproblem beschrieben worden. Was kann und was darf ein Kaufmann und wie verhält sich dies zu der Lehre der Kirche über den Menschen und das gute und richtige, als der Wahrheit gemäße Handeln. Einen weiteren Höhepunkt stellen zweifelsohne die Jesuiten der iberischen Spätscholastik und insbesondere der belgische Jesuit Leonhard Lessius († 1623) dar. Diese verfügten über eine profunde Kenntnis der wirtschaftlichen Entwicklung und standen bei den zeitgenössischen Fachleuten in hohem Ansehen. Zur Wertung dieser Theologen sei auf den Wirtschaftstheoretiker Joseph A. Schumpeter (1883–1950)

verwiesen, der deren logische Vorgehensweise und Analysefähigkeit lobt. Ihre Erkenntnisse können auch für die Analyse der aktuellen Situation von großem Nutzen sein.
Es fällt auf, dass die katholische Soziallehre im wissenschaftlichen Raum nach einer Blütezeit, die unter anderem mit den Namen Joseph Kardinal Höffner (1906–1987) und Pater Oswald von Nell-Breuning SJ (1890–1991) verbunden ist, in den vergangenen Jahrzehnten etwas in den Hintergrund der wissenschaftlichen und öffentlichen Wahrnehmung getreten ist. Das Thema, um das es der Soziallehre geht, wird heute vielfach innerhalb der Wirtschaftswissenschaften zunehmend von Professoren der Wirtschaftsethik bearbeitet, die sich seit den 60er Jahren des vergangenen Jahrhunderts ein eigenes Wissenschaftsgebiet erarbeitet haben. Auffällig ist dabei jedoch, dass jede Form der Transzendenz des Menschen ausgeblendet wird und somit der Mensch als Person und Geschöpf nicht mehr ganzheitlich betrachtet wird. Diesen Mangel will Benedikt XVI. mit seiner Enzyklika beheben und eine Ausgangsposition bieten, um auch mit Vertretern anderer Religionen in eine Diskussion eintreten zu können. Dies gelingt ihm dadurch, dass in der Verlautbarung in den ersten Kapiteln die Grundlagen und Bezugspunkte geklärt werden, die für den weiteren Gedankengang wichtig sind. In den Kapiteln drei bis sechs wird das Schreiben sehr konkret und spricht die verschiedenen Bereiche an, in denen die Soziallehre konkrete Wirkungen entfalten kann. Sein Vorgehen ist es, die Erkenntnisse aus den vielen Einzelwissenschaften zusammenzuführen und dafür ein Gesamtbild für das Zusammenleben der Menschen unter dem Anspruch der Wahrheit zu entwickeln.

Das Auslegen der Heiligen Schrift auf die sozialen Fragen hin ist ein Proprium der Glaubensverkündigung von den Zeiten der frühen Kirche an und gehört, wie es auch heute im Kirchenrecht heißt, zum Verkündigungsdienst der Kirche (CIC can. 747). Damit erfüllt der Papst mit der Veröffentlichung seiner neuen Enzyklika eine seinem Amt entsprechende Pflicht. Bevor er sich aber dem eigentlichen Gegenstandsbereich der Soziallehre widmet, macht er auf zwei Formen der Unterentwicklung aufmerksam (Civ 19). Die Unterentwicklungen materieller Art sind vielfach leicht zu erkennen und finden sich innerhalb sowie zwischen verschiedenen Gesellschaften. Bedrückend ist darüber hinaus die Unzulänglichkeit formeller Art, die sich besonders in der Form des Denkens zeigt. Es bedarf nicht nur der Erkenntnis der Gleichheit unter den Menschen, sondern auch der Brüderlichkeit. Mit der Vernunft können wir die Gleichheit unter den Menschen begreifen, aber zur wahren Brüderlichkeit kommt der Mensch erst durch die Erkenntnis Gottes, denn Er hat uns zuerst geliebt, und durch diese Liebe ist der Mensch zur wahren geschwisterlichen Liebe fähig. So darf der Mensch nach Benedikt XVI. nicht bei der Gleichheit stehen bleiben, sondern muss zur Erkenntnis der Brüderlichkeit fortschreiten.

Das jüngste Lehrschreiben des Papstes wendet sich zuerst an die Bischöfe, Priester und gottgeweihten Menschen in der Kirche und darf daher bei dem Leser ein philosophisches und theologisches Studium erwarten lassen. Es ist des Weiteren ausdrücklich an alle Menschen guten Willens gerichtet. Diese Schrift lässt sich aber nicht nur leserisch konsumieren, sondern ist mit Verstand zu bedenken. Eine zu vorschnelle Kritik an diesem Werk kann daher auch Aufschluss über den hermeneutischen Anspruch des Kritikers geben. Vielfach finden sich in Nebensätzen Bemerkungen, die bei einer ernsthaften Auseinandersetzung in den nächsten Jahren noch einiges an Diskussionen auslösen werden. An dieser Stelle sollen schlaglichtartig einige besonders erwähnenswerte Aspekte aus dem praktischen Teil herausgegriffen und besprochen werden.

Im zweiten Kapitel wendet sich der Papst den Entwicklungen des Menschen in unserer Zeit zu. Hauptbezugspunkt bildet auch in diesem Abschnitt die Enzyklika *Populorum progressio* von Paul VI.; diese wird auf die derzeitige wirtschaftliche Krise bezogen. Die Chance in der derzeitigen Rezession erkennt Benedikt XVI. darin, dass diese zu einer kulturellen Erneuerung und einer Wiederentdeckung der Grundwerte führen kann (Civ 21). Seit den 1970er Jahren wurde die Entwicklung der Völker verstärkt unter wirtschaftlichen Gesichtspunkten betrachtet. Dabei wurde nicht ausreichend auf die sozialen und politischen Entwicklungsmöglichkeiten geachtet (Civ 22 ff.). Die ausdrückliche Gefahr bei einer zu starken Fokussierung auf den monetären Gewinn besteht darin, dass die Komponente des Gemeinwohls missachtet wird. Die zunehmende Individualisierung des Gewinnstrebens hat in den vergangenen Jahrzehnten das wirtschaftliche Ungleichgewicht zwischen den Nationen erhöht, wenn auch viele Gesellschaften einen starken wirtschaftlichen Aufstieg verzeichnen konnten. So ist jedoch innerhalb zahlreicher Länder die Kluft zwischen Armen und Reichen stark angewachsen. Absolut gesehen hat der Reichtum in den letzten Jahrzehnten zwar zugenommen, aber die Ungleichheiten haben sich in weit höherem Maße vergrößert. Diese Entwicklung wird durch die aktuelle Krise auf dramatische

Weise vor Augen geführt. In der Enzyklika wird auch deutlich auf die negativen Entwicklungen der Globalisierung verwiesen. Ein von der Politik oftmals nur hingenommener Tatbestand der Nivellierung von sozialen Standards wird hier als Preis des internationalen Suchens nach Wettbewerbsvorteilen bezeichnet (Civ 25). Diese kritische Analyse der Folgen der Globalisierung geschieht in einer Klarheit, wie man sie sich von Politikern und Vertretern der Soziallehre in den vergangenen Jahren vielfach gewünscht hätte. Daher konstituiert der Papst, dass ein Fortschritt allein unter wirtschaftlichen und technologischen Gesichtspunkten nicht genügt. Als eine Verpflichtung der Soziallehre kann hier ein Neuansatz im Verständnis von Entwicklung gesehen werden.

Das sechste Kapitel der Enzyklika behandelt den Zusammenhang zwischen der Entwicklung der Völker und der Technik. Hier legt der Heilige Vater auf einem hohen intellektuellen Niveau einen Diskussionsbeitrag zum Einsatz von Technik im Allgemeinen und zur Technikfolgeabschätzung im Besonderen vor. Er bewertet Technik als solche zunächst positiv, da sich in ihrer Entwicklung die Herrschaft des Geistes über die Materie manifestiert (Civ 69). Als Folge verringert sich oftmals das Lebensleid und mögliche Risiken des Lebens. Aber Technik ist kein Selbstzweck. In der Entwicklung (Arbeit) wird der Mensch schöpferisch tätig und gerade in der Frage nach dem Wie und Warum bringt er sich als ein Wesen mit Geisteskraft neu zum Ausdruck. D. h., es darf nicht einfach zu einem selbstgenügsamen Einsatz der Technik kommen, sondern »die menschliche Freiheit ist nur dann im eigentlichen Sinn sie selbst, wenn sie auf den Zauber der Technik mit Entscheidungen antwortet, die Frucht moralischer Verantwortung sind« (Civ 70). Um hier entschei-

den zu können, muss der Mensch sittlich gebildet sein, womit wieder auf die ersten zwei grundsätzlichen Kapitel dieses Lehrschreibens zurückgegriffen werden kann.
An dieser kurzen Darstellung von wenigen Aspekten sollte deutlich geworden sein, wie es Papst Benedikt XVI. gelingt, die dringenden Probleme unserer Zeit in ihrem Kern zu erfassen und gereifte Gedanken kurz und präzis darzulegen. Diesem Dokument ist eine breite Rezeption und Umsetzung in weiten Teilen der Welt zu wünschen.

Quellenverzeichnis

Fr. Justinus C. Pech OCist, Zur Bedeutung des Gewissens im wirtschaftlichen Handeln.

Sr. Jordana Schmidt OP, Zwischen Gier, Demut und Vertrauen; »Wort zum Sonntag« vom 18. Oktober 2008.

Erzbischof Dr. *Reinhard Marx,* Vorsitzender der Kommission für gesellschaftliche und soziale Fragen, anlässlich des Studienhalbtags der Frühjahrs-Vollversammlung der Deutschen Bischofskonferenz zur Finanzmarkt- und Wirtschaftskrise am 4. März 2009. Schlussfolgerungen: Eckpunkte einer kirchlichen Positionierung.

Erzbischof Dr. *Robert Zollitsch,* Statement des Vorsitzenden der Deutschen Bischofskonferenz beim Pressegespräch anlässlich des Studienhalbtags der Frühjahrs-Vollversammlung der Deutschen Bischofskonferenz zur Finanzmarkt- und Wirtschaftskrise am 4. März 2009.

P. *Anselm Grün* OSB, Die Bedeutung der inneren Quelle für einen neuen Geist in der Wirtschaft. Überarbeiteter Vortrag, gehalten auf dem Kongress der Akademie Heiligenfeld, Bad Kissingen 2006.

Erzbischof Dr. *Robert Zollitsch,* Würdigung der neuen Enzyklika *Caritas in veritate* am 7. Juli 2009

Benedikt XVI., Enzyklika *Caritas in veritate* über die ganzheitliche Entwicklung des Menschen in der Liebe und in der Wahrheit vom 29. Juni 2009.

Fr. Justinus C. Pech OCist, Wahrheit in der Liebe – ein grundsätzliches Schreiben.